NEUES GROSSES HEIMWERKER BUCH FÜR DEN GARTEN

Über 2.000 Anleitungen, Tipps und Tricks
sowie praktische Informationen für
erfolgreiches Heimwerken im Garten.
Über 400 Abbildungen in Farbe.

Dietrich Engelhard · Klaus Fisch
Peter Himmelhuber · Wolfgang Seitz
Helga Voit · Stefan Winkelmeyr

Sonderausgabe

2003 Trautwein Heimwerker-Edition
Genehmigte Sonderausgabe
© Compact Verlag München
Nachdruck, auch auszugsweise, nur mit
ausdrücklicher Genehmigung des Verlages
gestattet. Alle Anleitungen wurden sorgfältig
erprobt – eine Haftung kann dennoch nicht
übernommen werden.
Chefredaktion: Ilse Hell
Redaktion: Eva Doss
Titelbild: Ing. Beckmann KG, Wangen i. Allgäu (u. l.), Peter Himmelhuber, Regensburg (o. r., o. l.),
Papenholz GmbH, Papenburg (u. r.)
Umschlaggestaltung: Atelier Steinbicker
Typografischer Entwurf: Ingeborg Cisse
ISBN 3-8174-5600-X
5656002

Do-it-yourself im Garten – Gartengestaltung auf eigene Faust macht nicht nur Spaß, sondern hilft auch viel Geld zu sparen. Ob Sie Ihren Garten neu anlegen oder Ihre Terrasse »aufmöbeln« wollen, das neue Heimwerkerbuch für den Garten bietet Anfängern und fortgeschrittenen Hobby-Heimwerkern viele Anregungen und das nötige Know-how.

Gartenteiche, Spaliere, Wege & Co. beschreibt in 7 Kapiteln alle Bereiche rund um das Haus und den Garten. Zahlreiche Grundtechniken für die Garten- und Terrassengestaltung sowie spezielle Anleitungen werden Schritt für Schritt ausführlich erklärt und anhand detaillierter Abbildungen und Grafiken veranschaulicht.

Zusätzliche Profi-, Sicherheits-, Öko- und Praxistipps sowie farbige Übersichtskästen zu den einzelnen Anleitungen geben wichtige Infos und ermöglichen ein systematisches Arbeiten mit diesem praxisorientierten Nachschlagewerk.

Rund ums Haus

Ob man sonnige Tage auf einer Liege unter dem Sonnenschirm genießt oder an lauen Sommerabenden auf der stimmungsvoll beleuchteten Terrasse eine Grillparty feiert, ein schön gestalteter Garten bietet neben nützlichen Funktionen wie Obst- und Gemüseanbau vor allem Platz für Erholung und zahlreiche Freizeitaktivitäten.

Kunstlicht im Garten

Kerzen, Fackeln oder Petroleumlampen geben zwar stimmungsvolles, aber nur spärliches Licht. Mit elektrischem Licht hingegen kann man optisch wirkungsvolle Lichtakzente setzen oder bei Bedarf strahlende Helligkeit erzeugen. So finden Sie zu jeder Tageszeit einen sicheren Weg durch Ihren Garten und setzen ihn gleichzeitig in Szene.

Licht im Garten kann im Wesentlichen drei Funktionen erfüllen. Es kann das Grundstück zur Abwehr und Abschreckung in gleißende Helligkeit tauchen; es kann als funktionelle Orientierungsbeleuchtung fungieren; es kann aber auch eine stimmungsvolle Atmosphäre zaubern. Bei erstgenannter Absicht gibt es nicht viel Gelegenheit für Eigenleistungen. Sie bleiben auf Leuchtenauswahl, Erdarbeiten für Leitungen und Leuchtenfundamente beschränkt.

Durch Fachkenntnis die Möglichkeiten beherrschen

Anschluss- und Schaltungsarbeiten sollten Sie in diesem Fall einem autorisierten Fachmann überlassen, der die Gefahrensituation im Außenbereich und die Zweckmäßigkeit automatischer Steuerungen kennt.

Dies gilt allerdings nicht für Lichtsysteme, die mit Kleinspannungen betrieben werden. Für welche Möglichkeit Sie sich entscheiden, bleibt Ihnen überlassen.

Strahler oder sanftes Licht

Wenn Licht Stimmung erzeugen oder unterstützen soll, verstecken Sie die Lichtquelle hinter Bäumen, unter Büschen oder in Vertiefungen, so dass ihr Licht nur indirekt wirksam wird. Es darf in keiner Blickrichtung blenden.

Sowohl Halogenstrahler auf Erdspießen, mit unterschiedlicher Leistung je nach gewünschter Lichtfülle, als auch preisgünstige Ovalleuchten (»Schildkrötlampen«) sind geeignete Lichtquellen und zaubern weiches Licht unter niedrigen Büschen in der Dämmerung und bei Dunkelheit. Eine derartige Beleuchtung ist nicht nur zu besonderen Anlässen reizvoll. Sie können den Charme einer solchen Gartenbeleuchtung den ganzen Sommer über täglich genießen.

Feste und bewegliche Installationen

So wie sich die Natur im Garten ändert, sollte man auch das Licht ändern können. Eine Kombination aus fest installierten

Nicht die Leuchten, das Licht soll den Garten in der Dämmerung verzaubern. Das erreichen Sie mit einem Kleinspannungs-Lichtsystem für die Eigeninstallation, versorgt von einem externen Transformator.

Licht aus einfachen Ovalleuchten schimmert unter niedrigen Büschen.

Gartentypisches Material ist Unterlage oder Versteck für bewegliche Installationen.

Anschlüssen und beweglichen Leuchten ist daher sinnvoll. Darüber hinaus wird das Abbauen und Aufräumen der beweglichen Leuchten vor Beginn der kalten Jahreszeit erleichtert.

Für die festen Anschlüsse sind hochwertige, spritzwassergeschützte Steckdosen erforderlich. Wenn man sie an vorhandenen Einrichtungen wie Pergolen, Zäunen, Lauben oder Ähnlichem anbringen kann, fallen sie am wenigsten auf.

Hochwertige Geräte für Sicherheit und Komfort

Da die Steckdosen in der Regel auch willkommener Anschluss für Mäher, Häcksler, Pumpen und andere Elektrogeräte sind, sollte die Zuleitung mit besonderem Erdkabel nicht weniger als 3 x 1,5 mm betragen. Große Steckdosengehäuse aus einem Aluminiumdruckguss bieten genug Raum, um sie auch als Abzweigdosen zu nutzen. Der Anschluss an einen eigenen Stromkreis der Hausverteilung sollte in jedem Fall über einen Personenschutzschalter erfolgen.

Auch an die Steuerung über einen eigenen Schaltkanal der zentralen Schaltuhr kann man denken. Dann wird dieser Stromkreis automatisch vom Netz getrennt, wenn es ohnehin sinnvoll ist, die Stromanschlüsse im Außenbereich aus Gründen der Sicherheit abzuschalten.

Sicherheit für Erdleitungen

Das Verlegen der Erdkabel ist allerdings nicht unproblematisch. Der Grundsatz, die Kabel mindestens 60 cm unter der Erde und in gerader, rechtwinkliger Verbindung zwischen den Anschlussdosen zu verlegen, lässt sich höchstens noch auf einem Neubaugrundstück verwirklichen. Wenn Sie diese Arbeiten in Eigenleistung und in eigener Verantwortung erledigen, wird Sie zwar niemand zur Einhaltung zwingen, aber Sie sollten in Ihrem eigenen Interesse die Kabel so tief legen, dass sie außer Reichweite von Spaten oder Grabgabel sind. Die Verlegung in Installations- oder anderen Schutzrohren oder unter kesseldruckimprägnierten Abdecklatten ist auch zu empfehlen. Mit einem ausgedienten Fuchsschwanz lassen sich entsprechend schmale und tiefe Kanäle

in den Boden schneiden und mit schmaler Pflanzschaufel ausheben. Letztlich schützen auch Aufzeichnungen über den Verlauf der Kabel bei tiefgreifenden Änderungen vor bösen Überraschungen. In kritischen Situationen ist der funktions-

Erdkabel im Schutzrohr in einem schmalen, ausgesägten Bodenkanal.

fähige Personenschutzschalter die letzte Sicherung vor Unfällen.

Alarmlicht

Licht zur Abschreckung unerwünschter Eindringlinge soll nicht nur möglichst hell und weit strahlen, es soll vor allem dunkle Ecken und Nischen ausleuchten. Allerdings sollte es auch so abgeschirmt sein, dass es nicht auf öffentlichen Wegen blendet oder Nachbarn belästigt. Automatisch geschaltet kann man so Anwesenheit vortäuschen. Strahler mit 500 Watt Halogenröhren eignen sich gut für diesen Zweck. Wegen der erheblichen Wärmestrahlung und eingeschränkten Witterungsbeständigkeit sind allzu billige Produkte mit Vorsicht zu genießen.

Die Impulsgeber für das Alarmlicht können entweder weithin sichtbare oder versteckt eingebaute Bewegungsmelder sein. Eine überraschendere Wirkung erzielen jedoch Letztere. Aber nur, wenn sie das Gelände, vor allem Türen und Fenster, lückenlos überwachen. Billige Bewegungsschalter, die schon bei jeder Katze reagieren, sind dagegen nicht sonderlich zweckmäßig. Einzelne Taster für das Stromstoßrelais neben Eingangs-, Balkon- und Terrassentüren und auch in Reichweite neben den Betten, haben als Alarmschalter mehr als nur eine Kontrollfunktion. Zur Sicherheit dieser Anlage gehört ein eigener und getrennt abgesicherter Stromkreis.

Die Bereiche der Erfassung werden wie durch unsichtbare, kegelförmige Vorhänge begrenzt. Wird der Vorhang gleichzeitig von Wärmestrahlung und Bewegung gestört, reagiert der Bewegungsmelder mit einem Schaltimpuls.

Allgemeinlicht

Auch für das Licht am Haus, in der Einfahrt und im Vorgarten sollte es einen eigenen Stromkreis geben. Gesteuert von einer zentralen Schaltuhr, die mit ausreichend Schaltplätzen unterschiedliche Schaltzeiten ermöglicht. Diese sollte man so wählen, dass An- oder Abwesenheit von außen nicht zu beurteilen sind. Die Schaltuhr kann man noch durch einen externen Dämmerungsschalter ergänzen, der die Stromzufuhr abhängig von der Außenhelligkeit freigibt.

Bei Bedarf muss man auf strahlende Helligkeit trotzdem nicht verzichten. Ein Dimmer wird entweder per Hand geschaltet oder besonders komfortabel durch einen eigenen Bewegungsmelder für den Grundstückseingang. Diese komfortablen Installationen sind allerdings nicht billig. Bei einer Neuplanung kann man die notwendigen Leitungen vorsehen. Das ist preiswerter als eine spätere Installation von Bussystemen (Schaltimpulse mit unterschiedlicher Frequenz auf vorhandenen Leitungen) oder der Einsatz funkgesteuerter Installationen. Nachträglich installierte Leitungen können nämlich je nach Umfang noch teurer werden.

Sicherheitstipp

Personenschutzschalter (auch FI-Schutzschalter genannt) haben wesentlich kürzere Ansprechzeiten als normale Schmelzsicherungen oder Sicherungsautomaten. Bei einem Schaden unterbrechen sie den Stromkreis, bevor kritische Werte erreicht werden. Vor jedem Einsatz sollten Sie durch Ausschalten die Funktion prüfen.

Risikofaktor Witterung

Auch bei vorübergehender Installation sollten Sie die beweglichen Leitungen an einem Verteilerkasten mit Personenschutzschalter anschließen.

Bleiben diese Leitungen länger draußen liegen, sollten sie unbedingt aus UV-geschützten Gummischlauchleitungen bestehen. Auch für Anschlussleitungen von Steckdosenverteilern und Leuchten sollten Sie Gummischlauchleitungen mittelschwerer Qualität mit der technischen Bezeichnung »HO 5 RR-F« verwenden. Denn die ultravioletten Anteile im Tageslicht lassen Kunststoffe verspröden, so dass Leitungen ohne besonderen Schutz bald brüchig und damit gefährlich werden können.

Leitungen auf einer Kabeltrommel wickeln Sie möglichst ganz ab, auf der Trommel kann die Wicklung sonst zum Heizgerät werden. Für Steckverbindungen verwenden Sie am besten gesicherte Vollgummistecker und -kupplungen, die Sie etwas erhöht auf eine Unterlage legen und gegen Regenschauer schützen. Auch die Ovalleuchten dürfen nicht direkt auf dem Boden liegen. Mit einem Mauer- oder Betonpflasterstein lässt sich dieses Problem jedoch leicht lösen.

Der abgedichtete Klappdeckel schützt, auch geöffnet, den Stecker vor gefährlichem Schlagregen.

> **Aus Strom wird gefährliche Energie, wenn man die Sicherheitsmaßnahmen missachtet. Wer dadurch Schäden auslöst, trägt die Verantwortung für die Folgen.**

Wintergarten errichten

Ein Wintergarten veredelt und erweitert Ihr Haus. Der Komplettbausatz lässt sich zu zweit in nur zwei Tagen errichten. Vollständig wärmeisoliert können Sie Ihren Wintergarten direkt an das bestehende Heizungssystem Ihres Hauses anschließen. Er ist dann Sommer wie Winter zu Wohnzwecken oder als Pflanzengewächshaus geeignet.

AUF EINEN BLICK!

Material
Komplettbausatz (inkl. Befestigungs- und Dichtmaterial), der nach eigenen Maßgaben vom Hersteller angefertigt wird

Werkzeuge
Wasserwaage, Meterstab, Schraubenzieher, Schraubenschlüssel, Bohrer, Bohrmaschine, Spachtel

Der folgende Wintergartenanbau soll die Terrasse zum wettergeschützten Freizeitraum umfunktionieren und auch im Winter ohne zusätzlichen Heizungsaufwand zur Verfügung stehen.

Aus diesem Grund besteht die Grundkonstruktion aus thermisch getrennten Aluprofilen, für die Verglasung werden Isolierglasscheiben verwendet.

Zusätzlich wird im Dachbereich Sicherheitsglas eingesetzt, das im Falle eines Bruchs nicht zersplittert.

Profitipp

Die Planung und die maßgenaue Herstellung der benötigten Profilteile sollten durch einen Fachbetrieb für Wintergärten erfolgen. Die Montage können Sie selbst vornehmen.

Ein sicheres Fundament

Voraussetzung für die Standsicherheit ist wie bei allen Wintergärten ein ausreichend tragfähiges Fundament. Bevor Sie mit der eigentlichen Arbeit beginnen, sollten Sie alle benötigten Profile und Profilelemente übersichtlich und nach Funktion (z. B. Bodenprofile, Pfostenprofile etc.) geordnet bereitlegen. Dieses Vorsortieren ermöglicht zügiges

Auf dem tragfähigen Terrassenfundament kann der Wintergarten errichtet werden.

Die Montage der Bodenprofile erfolgt nach Montageplan.

Das Aluminiumband dient als Auflagefläche und Isolierung.

Die Seitenwand wird eingepasst.

Arbeiten und erlaubt einen Überblick. Den Bauplänen entnehmen Sie die exakten Maße für die verschiedenen Montagepositionen. Nun montieren Sie die Bodenprofile. Hierfür übertragen Sie die Maße des Montageplans auf die baulichen Gegebenheiten und markieren die entsprechenden Positionen. Überprüfen Sie am besten durch provisorisches Anlegen der einzelnen Profilteile die Stimmigkeit der vorher gekennzeichneten Lagen.

Exakte Justierung ist unerlässlich

Entsprechend der Lagemarkierung der Bodenprofile können Sie nun an der Sockeloberseite ein selbstklebendes Aluminiumband fixieren. Dieses hat die Funktion, als isolierende Auflagefläche für die Aluprofile zu dienen.

Legen Sie dann die Bodenprofile auf und überprüfen Sie mit einer Wasserwaage die exakte waagrechte Ausrichtung. Abweichungen müssen Sie bei der Fixierung mit Unterlegkeilen ausgleichen.

Der Anschluss an die Gebäudeaußenmauer erfolgt mit dem oberen Wandanschlussprofil. Die exakte Höhenlage ermitteln Sie am besten dadurch, dass Sie eine Wintergartenseitenwand provisorisch ansetzen und den Oberkantenabschluss an der Wand markieren. Achten Sie dabei darauf, dass das Wandelement wirklich senkrecht steht.

Müssen Sie Unebenheiten ausgleichen, können Sie hierfür Holzleimbinder verwenden. Sie garantieren im Vergleich zu Vollholzkonstruktionen eine sichere Formstabilität und sind letztlich einfacher zu bearbeiten als Abstandhalter aus Metall.

Wenn Sie vor dem Andübeln die Rückseite mit Dichtungsmasse bestreichen, ergibt sich beim Festziehen der Schrauben eine Feuchtigkeitssperre zwischen Wand und Balken. Ausquellende Dichtmasse im Fugenbereich entfernen Sie mit einer gerundeten Spachtelklinge, so

dass ein glatter, kehlförmiger Übergang entsteht.

Korrekturen ermöglichen

Auf das angedübelte Nivellierungsholz können Sie nun das obere Wandanschlussprofil anschrauben. Beschränken Sie sich dabei vorerst aber auf ein bis zwei Schrauben, die Sie möglichst mittig ansetzen. Dies ermöglicht Ihnen notfalls leichte Korrekturen. Beginnen Sie mit dem Einpassen bei der seitlich abschließenden Außenwand. Ist der Anschluss passgenau ausgeführt, fixieren Sie das obere Wandanschlussprofil in den direkt angrenzenden Bohrungen. So vermeiden Sie, dass die ganze Konstruktion instabil wird, haben aber für die später noch zu montierenden Stützstreben weiterhin einen ausreichenden Bewegungsspielraum.

Für die Montage der Stützstreben müssen diese zuerst aus den vorhandenen Profilen zusammengesetzt werden. Dies geschieht einfach durch das Ineinanderschieben der dafür vorgesehenen Führungselemente. Vor dem endgültigen Einpassen füllen Sie die Anschlussnut mit Dichtmasse aus.

Das Grundgerüst wird erstellt

Jetzt können Sie die Stützpfosten am oberen Wandanschlussprofil befestigen. Im Bereich des Durchgangs muss dabei gleichzeitig das Einpassen an die Bodenprofile des Sockels erfolgen.

Erst nach dem Einpassen werden die Bodenprofile mit Dübel und Schrauben im Fundament verankert. Die Bohrungen dazu setzen Sie in der Innennut des Bodenprofils. Auch nur partiell vorhandene Unebenheiten im Fundamentbereich müssen unbedingt durch Unterlegkeile ausgeglichen werden, um eine sichere Verankerung des tragenden Wintergartengerüsts im Bodenprofil zu gewährleisten. Füllen Sie auch die Anschlusskanten des Bodenprofils sorgfältig mit Dichtungsmasse aus.

Ist das Grundgerüst fertig erstellt und fixiert, können Sie damit beginnen, Türrahmen und Türblatt einzusetzen. Die Fixierung erfolgt durch die Verschraubung der Halteelemente. In gleicher Weise verfahren Sie mit den Fensterelementen. Sind diese eingesetzt, kann mit der Verglasung des Wintergartens begonnen werden.

Verglasen ohne Dichtmasse

Da es sich um ein Trockenverglasungssystem mit eingepassten Profilgummidichtungen handelt, kann auf Dichtmasse verzichtet werden. Es genügt, die von Herstellerseite maßgenau dimensionierten Isolierglasscheiben so einzusetzen, dass auf beiden Seiten ein gleichmäßiger Abstand zum vertikal angrenzenden Rahmenprofil eingehalten wird. Die horizontale Justierung erfolgt durch entsprechend starke Unterlegkeile, die als Auflage für die Isolierglasscheiben dienen.

Mit den mitgelieferten Halteprofilplättchen sichern Sie die Isolierglasscheiben vor dem Herausfallen. Gleichzeitig dienen diese zur Aufnahme und Fixierung der äußeren Verblendungsprofile, die mit ihren innenliegenden Gummilippen außerdem für die Außenabdichtung der Scheiben sorgen.

Profitipp

Achten Sie darauf, dass die Sicherheitsglasscheiben der Verbundverglasung zur Rauminnenseite gewandt sind.

Auch bei der Dachverglasung sind entsprechende Seitenabstände zu den angrenzenden Rahmenprofilen einzuhalten. Die Lagerkeile an der Scheibenunterseite können dagegen entfallen, da die Scheibe insgesamt auf den Dichtprofilen der Dachprofile aufliegt.

Glasscheiben montieren

Sind alle Bereiche verglast, können Sie die Verblendungsprofile um die Glasscheiben montieren und die Frontver-

kleidung am oberen Abschlussprofil verschrauben.

In einem letzten Arbeitsschritt wird die systemspezifische Dachrinne zusammen mit dem Abflussrohr angebracht. Wenn die Möglichkeit besteht, können Sie den Auslauf an einen vorhandenen Oberflächenwasserkanal anschließen. Ansonsten können Sie auch die Versickerung auf dem Grundstück erwägen. Dazu benötigen Sie eine ausreichend tiefe Kiesschicht und einen entsprechenden Einlassbereich. Eventuell lässt sich auch eine Regentonne mit dem abfließenden Regenwasser füllen.

Das obere Wandanschlussprofil kommt auf das Nivellierungsholz.

Bodenprofile mit Dübeln und Schrauben im Fundament verankern.

Mit Dichtungsmasse werden die Anschlusskanten ausgefüllt.

Nach dem Fertigstellen des Grundgerüsts können Sie Türrahmen und Fensterblatt einsetzen.

Beim Trockenverglasungssystem kommen die Glasscheiben ohne Dichtmasse aus.

Dachrinne und Abflussrohr sorgen für einen reibungslosen Regenwasserablauf.

Freisitz bauen

Eine kleine Terrasse lässt sich mit ein wenig Aufwand erweitern: Mit einem ausgebauten Freisitz haben Sie reichlich Platz für Kübelpflanzen und natürlich auch für einen Essplatz oder die Gartenliege. Selbstverständlich muss dieser Freisitz gut befestigt sein, damit er sich jederzeit – und zwar auch an sonnigen Wintertagen – nutzen lässt. Ein idealer Platz, um die schönsten Tage des Jahres zu genießen.

Die Befestigung, das heißt der Belag muss zum Haus passen und darf das Budget nicht überfordern. Am günstigsten sind Betonplatten, die es in vielen Formen, Größen und Farben in Baustoffmärkten gibt. Der einfache Industriebaustoff lässt sich zusammen mit Natursteinen dekorativer gestalten. Diese dienen beispielsweise als Einfassungen oder auch zur Unterteilung. Durch geschickte Kombinationen können Sie richtige Muster vom Schachbrett bis zum bunten Mosaik erstellen. Der Unterbau ist jedoch für alle Beläge gleich: Er muss aber vor allem tragfähig sein. Am besten hat sich eine Basis aus grobem Schotter bewährt, der mit einer dünnen Schicht Splitt bedeckt ist. Der Schotter wird durch das Rütteln richtig fest. Die Splittschicht macht das Verlegen der Platten möglich, zumal sie sich gut ebnen und abziehen lässt. Auch sie wird richtig fest, sobald die Platten oder Pflastersteine verlegt sind und die ganze Fläche abschließend gerüttelt ist.

Gut vorbereitet

Nach allen Vorbereitungen ist das flächige Legen der Pflastersteine oder Platten kinderleicht: Sie werden nach gewünschtem Muster mit geringen Fugen in das fertige Splittbett gelegt. Mehr Mühe macht das Anbinden der Pflasterfläche an Wände oder vorhandene Beläge. Hier müssen Sie die Steine passend zurichten oder zuschneiden. Einfacher gelingt dies mit anderen kleinen Steinen oder auch bei geringen Zwischenräumen mit Splitt. Sobald der Belag fertig ist, muss er noch gefestigt werden. Das geschieht mit einer Motorrüttelplatte, die bei empfindlichen Pflastersteinen (z.B. Klinker) einen Gummiboden bekommt. Dazu dient eine Gummimatte, die sich mit Schrauben montieren lässt. Schließlich ist noch

Die vorhandene Terrasse bietet für Sitzmöbel und Kübelpflanzen zu wenig Platz. Die bestehende Pflasterfläche soll daher erweitert werden.

Quarzsand zum Verfugen nötig. Dieser rieselt in alle Ritzen, festigt das gesamte Pflaster und bildet einen geschlossenen Belag.

Nachdem die Größe des Freisitzes festgelegt und seine Form vorgegeben ist, können Sie mit dem Unterbau beginnen. Dieser sollte etwa 30 cm dick sein (20 cm Schotter, 10 cm Splitt). Er richtet sich nach dem gesamten Bodenaufbau. Als Richtpunkte gelten beispielsweise die Terrassentür, anschließende Wege und dergleichen. Vorhandenen Humusboden müssen Sie, falls nötig, auskoffern. Zum Vorbereiten des Unterbaus dient eine Richtlatte. Ist der Schotter aufgebracht, macht das Rütteln den Unterbau richtig tragfähig.

Splittschicht mit Wasserwaage justieren

Auf den Schotter kommt eine Splittschicht. Beim Abziehen der Splittfläche können Metallrohre (z. B. Wasserleitungsrohre) hilfreich sein, die Sie parallel nebeneinander ins Splittbett legen und mit der Wasserwaage ausrichten. Nach dem Abziehen der Fläche mit einem Brett oder der Richtlatte lassen sich die Hilfsrohre leicht wieder entfernen und zur Vorbereitung der nächsten Fläche nochmals verwenden. Die Splittschicht wird dadurch schon vorverdichtet.

Falls zusätzlich eine Pergola entstehen soll (siehe Arbeitsanleitung »Pergola bauen«, Seite 50), ist es vom Arbeitsablauf her günstig, wenn schon beim Pflastern Leerrohre für die Punktfundamente in den Boden kommen. Dann müssen Sie den Belag später nicht unnötig

Der richtige Unterbau ist die halbe Miete.

aufreißen. Zwei Kunststoff- oder Betonrohre, die an den vorgesehenen Stellen in den Boden kommen, werden mit der Richtlatte auf die passende Höhe gebracht. Später nach der Pflasterung lassen sich diese Hülsen einfach mit Beton ausfüllen. In den noch frischen

Nur mithilfe der Rüttelplatte wird der Unterbau wirklich fest.

Beton werden die Pfostenanker für die Pergolabalken gesteckt. Bei einer Metallkonstruktion dienen natürlich keine Pfostenanker, sondern geeignete Metallträger als Basis für den weiteren Aufbau. Die Punktfundamente sollten frostsicher (ca. 70 cm tief) gründen.

Praxistipp

Wenn zusätzlich eine Pergola entstehen soll, können schon bei der Pflasterung beziehungsweise beim Unterbau die nötigen Standpunkte für die Eckpfosten hergerichtet werden.

Schon jetzt an spätere Anbauten denken.

Die Hülsen mit Beton füllen.

Die Umrandung gibt die Flächenform vor ...

Umfassen und ausfüllen

Die ganze Fläche für den Freisitz wird zunächst mit Randsteinen eingefasst. Das gibt die Form vor und erleichtert das Pflastern wesentlich. Die Einfassung der zu pflasternden Fläche richtet sich natürlich nach der Art des Belags.

Profitipp

Das Pflaster oder der Plattenbelag muss frostsicher sein; beispielsweise sind gewöhnliche Vollziegel ungeeignet.

Profitipp

Bedenken Sie, dass gleichförmige Industriebaustoffe (z.B. Gehsteigplatten aus Beton oder Klinker) einfacher zu legen sind als unförmige Naturbaustoffe (beispielsweise Porphyr).

Der bereits bestehende Terrassenbelag gibt die Höhe des Freisitzes vor; zum Ausnivellieren ist eine Richtlatte nötig. Stein für Stein kommt die Einfassung zustande; statt der großen Kopfsteinpflaster sind natürlich auch andere Industrie- oder Natursteine einsetzbar. Während Sie die Einfassung fertig stellen und die Höhe immer wieder nachprüfen, bereiten Sie – falls noch nicht geschehen – die Pflasterfläche mit dem Ebnen des Splitts vor.

Für den Belag kommen beispielsweise kleine Pflastersteine zum Einsatz; je nach Belag muss die Einfassung anders hergerichtet oder erst anschließend geschaffen werden. Nach und nach wird die Pflasterfläche fertig gestellt; dazu müssen Sie jeden Stein richtig einsetzen. Unebenheiten lassen sich mit der Richtlatte sichtbar machen: Zu hohe Steine werden festgeklopft, zu niedrige angehoben.

Mit Wasser die Fugen ausschwemmen

Sie können das fertige Pflaster nach dem Rütteln und Verfugen mit Quarzsand noch mit Erde einfassen. Den Weg zum Garten können Sie durch Anbau von Stufen ermöglichen. Nach dem Pflastern der Gesamtfläche sprühen Sie den Freisitz mit Wasser ab, dadurch wird die schöne Zeichnung der Steine erst sichtbar. Zudem schwemmt das Wasser den restlichen Quarzsand in die Fugen.

... und der Terrassenbelag gibt die Höhe vor.

Die Richtlatte leistet während des gesamten Arbeitsablaufs gute Dienste.

Stein für Stein in das Splittbett klopfen.

Der Splitt kann nun schon geebnet werden.

Nach dem Fertigstellen des Unterbaus kann mit dem Pflastern begonnen werden.

Die Steine müssen eine Ebene bilden.

Nach Lust und Laune lässt sich der hinzugewonnene Platz durch Kübelpflanzen verschönern.

Der Belag wird durch Einfassung mit Erde stabilisiert.

Die abschließende „Dusche" ist unerlässlich.

Profitipp

Zum Rütteln empfindlicher Beläge (z.B. Klinker) ist eine Gummiplatte nötig; zudem müssen alle Splittreste entfernt werden, sonst gibt es Kratzer! Ein Rüttler ist leihweise bei Baufirmen oder Geräte-Miet-Zentralen erhältlich.

Kamingrill bauen

Ein Garten-
kamingrill lädt
im Sommer zum Grillen
mit Freunden und
im Herbst zu einer
gemütlichen Runde
am wärmenden
Holzfeuer ein.
Häufig weht der Grillrauch
unkontrolliert in alle
Richtungen. Der Schornstein
des Gartenkamins sorgt dafür,
dass störender Rauch direkt
nach oben abgeführt wird.

Für den Aufbau des Kamingrills benötigen Sie ein frostsicheres, waagerechtes Fundament mit einer geglätteten Betonplatte. Die Plattengröße richtet sich nach der von Ihnen festgelegten Sockelgröße. Der Sockel ist nicht im Grundbausatz enthalten. Die montierten Fertigteile sind in unserem Beispiel 86 cm breit, 45 cm tief und 90 cm hoch.

Nach Fertigstellung des Fundaments mauern Sie den Sockel auf. Gut eignen sich dafür Porenbetonsteine. Die Höhe des Sockels sollte mindestens 30 cm, wenn Sie den Kamin auch als Grill benutzen, ca. 50 cm betragen. Die Brennstelle selbst wird mit einem feuerfesten Material belegt. Für die Aschenlade, die in ihrer Tiefe von 30-54 cm verstellbar ist, wird in der Mitte vom Sockel eine 15 cm hohe und 30 cm breite Aussparung gelassen. Diese Öffnung muss aus den Porenbetonsteinen vor dem Verkleben ausgesägt werden. Die Tiefe richtet sich nach dem von Ihnen gewählten Sockelvorsprung. Alle Teile müssen exakt waagerecht gebaut werden, damit der Feuerraum richtig aufgerichtet werden kann.

Genug Spielraum für alle Teile

Die Rückwand des Feuerraums und die beiden Seitenteile werden auf eine ca. 2 cm starke Schicht aus Kalkzementmörtel auf den Sockel gesetzt. Sie beginnen mit der Rückwand. In die vorgesehenen Nuten werden die beiden Seitenteile passend eingeschoben. Sie werden nicht fest mit der Rückwand verbunden. Zwischen dem Feuerraumkasten und dem Verblendwerk aus Porenbetonsteinen oder Klinkern muss eine Dehnungsfuge sein, um Beschädigungen der Verblendung oder der Kaminteile durch unterschiedliche Hitzeausdehnung zu verhindern. Daher wird vor dem Anbringen des Verblendwerks um den Feuerraumkasten eine 1 cm starke Mineralfaserplatte gelegt.

Achten Sie auf einen exakten senkrechten Aufbau. Das Maß der Feuerraumöffnung von 70 cm muss genau eingehalten werden, da sonst der Grillrost und die Zubehörsätze nicht in die Öffnung passen.

Die Feuerraumseitenteile werden vorne nicht verblendet, weil an ihnen Grill-

und Backset befestigt werden. Seitlich kann die Verblendung aber beliebig weit nach vorne gezogen werden. Nun setzen Sie die Kaminhutte auf einem Mörtelbett auf die Feuerraumteile.

Die als Zubehör erhältliche Rauchabzugklappe wird auf die Hutte aufgelegt. Das Bedienungsgestänge können Sie nach allen Richtungen ausrichten. Die Aussparungen in der Hutte, die nicht benutzt werden, werden mit Mörtel verschlossen. Das über die Verblendung hinausragende Gestängeteil sägen Sie bündig mit der Verblendung ab. Der Eisengrat wird mit einer Feile entfernt, damit der Griff auf das Gestänge geschoben und festgeschraubt werden kann. Anschließend setzen Sie den Grill ein. Wenn Sie das Gestänge vor dem Verputzen oder Verblenden absägen, müssen Sie die Putz- oder Verblendstärke berücksichtigen, da das Gestänge sonst zu kurz wird!

Feuer frei

Der Kamin kann an einen vorhandenen Schornstein angeschlossen werden. Die Verbindung können Sie mit vorgefertigten Anschlussstücken oder Schamotterohren herstellen. Bei einer Schornsteinhöhe von 4,5 m (von der Oberkante des Feuerraums aus gemessen) müssen die Rohre einen Durchmesser von 20 cm, bei einer Schornsteinhöhe von 2,5 m von 25 cm haben. Die Mindeststeigung des Rohres muss überall 45 Grad betragen. Bei frei stehenden Kaminen kann ein Schornsteinstück von 1 m Länge mit 25 cm Querschnitt, rund oder quadratisch, direkt auf die Hutte gesetzt werden – die maximale Belastung sollte nicht mehr als 250 kg betragen! Das halbkreisförmige Abschlussteil verhindert das Eindringen von Regen. Es sollte entsprechend der Hauptwindrichtung auf das Schornsteinstück aufgesetzt werden. Ein konisch verlaufender Kamin lässt sich leicht bewerkstelligen: Sie tragen zuerst eine Putzschicht auf dem Fertigteil an. Dann ziehen Sie von unten nach oben eine zweite Schicht Putz auf, die nach oben hin ausläuft. So gehen Sie vor, bis der Kamin die gewünschte Form hat.

Die Grundausstattung des Kamingrills besteht aus:
1	Feuerraum Rückwand
2	Feuerraum Seitenwand
3	Rauchabzughutte
4	Feuerbock
5	Gussrost

Empfehlenswert ist es, folgendes Zubehör gleich mitzubestellen:
6	Grillrost verchromt
19	Rauchabzugklappe

Ergänzend können sie den Kamingrill mit einem Drehspieß austatten oder zum Backofen ausbauen.

Grillset bestehend aus:
7	Aufnahmebalken
8	Spießauflage
9	Grillspieß mit 4 Grillguthalterungen
10	Batterielaufwerk
11	Spießscheiben mit 4 Spießnadeln
12	Fett-Tropfpfanne

Backset bestehend aus:
13	Backtürhalterungen
14	Backplatte
15	Strahlungsplatte
16	Backtür mit Messing griffen
17	Thermometer (bis 55° C)
18	Bäckerschaufel

Grundausstattung und Zubehör.

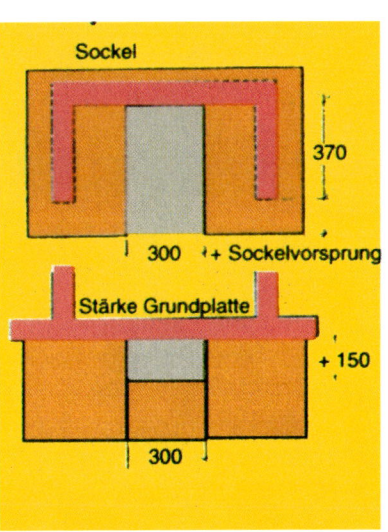

Vorbereitung des Sockels.

Rückwand und Seitenteile des Feuerraums, Rauchabzugklappe und Gestänge.

Gestalten mit Holz

Ob allein oder in geselliger Runde – stets hat der Besuch im Freien einen ganz besonderen Reiz. Richtig gemütlich wird es, wenn Holz ins Spiel kommt. Zudem ist Holz pflegeleicht, wetterfest, vielfältig und leicht zu verarbeiten – ein ideales Material für die Gartengestaltung.

Garten-Wohnhaus

Ein eigenes kleines Haus, in dem man nicht nur spielen, sondern auch richtig wohnen und übernachten kann, hat für Kinder einen ganz besonderen Reiz. Auch für die Großen kann ein Garten-Wohnhaus als Schlafstätte und gemütlicher Treffpunkt dienen. Ob als Kinderhaus im eigenen Garten oder zum Wochenendaufenthalt im Kleingarten, ja sogar als Hütte auf einem einsamen Waldgrundstück ist ein Zeltdachhaus sehr gut geeignet.

Den Traum vom eigenen »Häuschen im Grünen« kann man sich mit vertretbarem Aufwand auch selbst erfüllen. Der ideale Naturbaustoff hierfür ist Holz, wodurch sich ein Zeltdachhaus auch harmonisch in die Gartenumgebung einfügt. Außergewöhnliche handwerkliche Fähigkeiten und eine Baugenehmigung sind für derartige Objekte nicht erforderlich. Selbstver-

ständlich ist dieser Entwurf auch statisch durchgerechnet.

Bei Bedarf die Grundfläche vergrößern

Die Verlängerung der Seitenlängen von rund 3,2 m auf bis zu 4 m ermöglicht die Verdoppelung der Bodenfläche im Innen-

raum auf nahezu 14 m². Der Achsabstand zwischen den Sparren von 600 mm und der Holzquerschnitt für die Gebinde bleiben gleich. Lediglich der Querschnitt der Lagerbalken ist auf 200 x 100 mm zu vergrößern.

Die verlängerten Zangen (Pos. 9) sind tief unter dem First aufzuschrauben. Weniger als 2 m sollte der Abstand zwischen Fuß-

Das Nivelliergerüst, in diesem Fall aus Latten aufgebaut, bietet die Bezugspunkte für die genaue Anordnung der Fundamente in der Höhe und zueinander.

boden und Unterkante jedoch nicht betragen. Auch wenn Sie nicht die Möglichkeit haben, sich ein solches Haus selbst zu bauen, werden Sie sicher doch manche Lösung für die Verwirklichung anderer Bauvorhaben finden.

Nivelliergerüst als Baugrundlage

Die Bauarbeiten beginnen mit der Errichtung des Schnurgerüstes. An der Wasserwaage ausgerichtete und an den Eckpunkten befestigte Latten markieren Richtung, Abstand und Höhe der Lagerbalken. Kontrollieren Sie den rechten Winkel durch ein Dreieck im Verhältnis von 3 : 4 : 5.

Füllen Sie die Gruben der Punktfundamente mit einer nur mäßig feuchten Betonmischung aus fünf Teilen Kies und einem Teil Zement und stampfen Sie diese in dünnen Lagen gut fest. Die Fertigbetonsockel für die Lagerbalken sollte man auf die noch frische Betonfläche aufsetzen. Ihre Auflagefläche darf 250 mm über den höchsten Geländepunkt ragen. Alle vier Sockel müssen sich in einer waagerechten Ebene befinden. Zum Schluss wird die Grube um den Sockel mit Beton aufgefüllt.

Der einzementierte Anker greift in eine Bohrung in der Unterseite der Lagerbalken, die mit einer eingedrehten Holz-

Die Balkenverankerung mit Schnellzement in die vorhandene Aussparung einbauen.

Durch die Schlüsselschraube wird der Lagerbalken mit der Steinfalle verbunden.

Durch die beiden kürzeren Bretter in der Mitte entsteht die Aussparung für die Dachsparren.

An der Firstspitze werden die Sparren durch aufgeschraubte Zangen zusammengehalten.

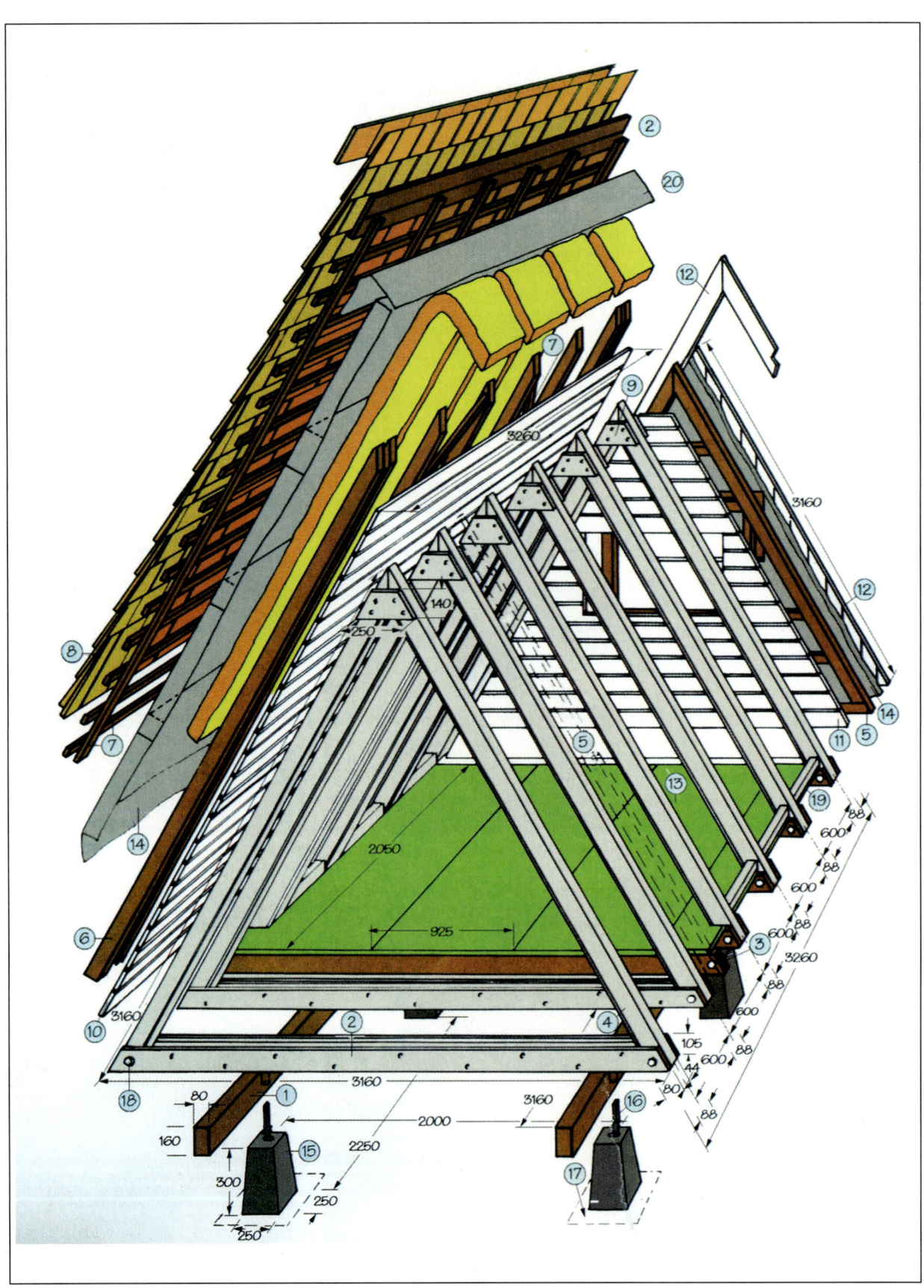

Den Aufbau der einzelnen Schichten für Boden, Dachflächen und Giebel finden Sie in dieser Darstellung. Die Positionsziffern geben über die Materialaufstellung Hinweise zu den jeweils verwendeten Baustoffen.

schraube gesichert werden. Bitumenpappe zwischen Betonteil und Holz isoliert gegen aufsteigende Feuchtigkeit. Mit untergelegten Hartholzstücken lassen sich jetzt noch eventuelle Ungenauigkeiten in der Waagerechten ausgleichen.

Allseitige Imprägnierung schützt vor Schädlingen und Pilzbefall

Die Oberflächenbehandlung des Bauholzes mit Imprägnierung und Holzschutzlasur sollte vor dem Zuschnitt mit der Kreissäge (nach dem Anfasen der Sparreninnenkanten) erfolgen. Behandeln Sie alle Schnittflächen mit Imprägnierung nach. Für den so genannten Abbund, das Zusammenfügen der einzelnen Hölzer zu den Dreieckgebinden, sollte eine ebene Bodenfläche zur Verfügung stehen. Sie können auch die bereits montierten Lagerbalken als Abbundplatz verwenden. Ein genau abgesägtes Musterstück dient als Schablone zum Anzeichnen der anderen Binderbretter und Sparren.

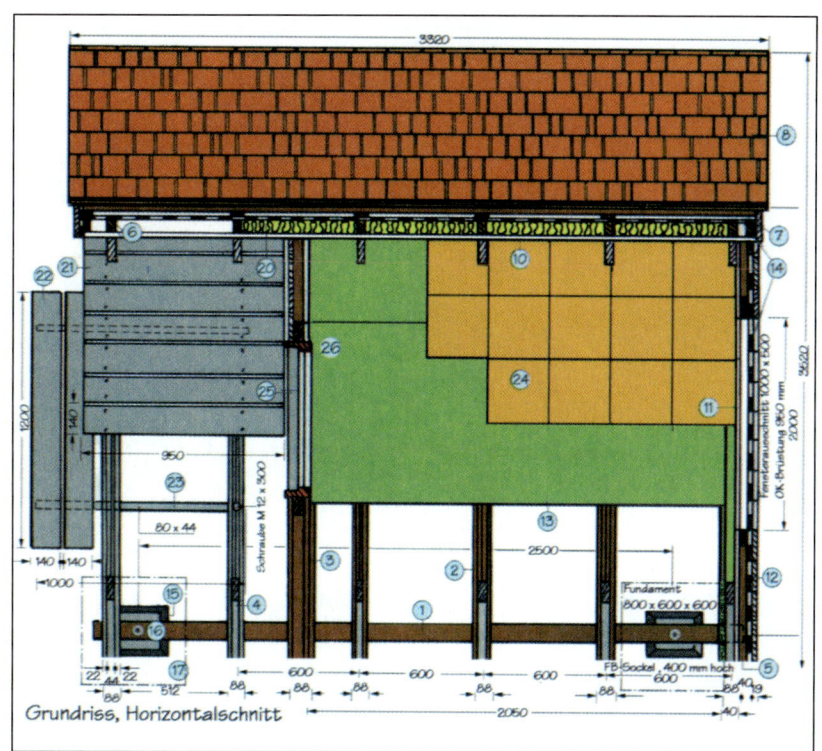

Grundriss, Horizontalschnitt

Die Zeichnung zeigt von unten nach oben das Haus in unterschiedlichem Baufortschritt. Im oberen Bereich (am Dach) ist mit dem Fußbodenbelag, den aufgeschraubten Veranda-Bodenbrettern und der Eingangsstufe bereits der Ausbau abgeschlossen.

AUF EINEN BLICK!

Material für Rohbau
Materialliste für ein Haus auf der Grundfläche 3320 x 3520 mm, Bauholz: Fichte/Tanne, (BS) = Betonschalung. Profilholz: Osmo Profil 44, Fichte.

Pos.	Bauteil	Maße in mm	Anzahl
1	Lagerbalken	3160 x 160 x 80	2 Stück
2	Binder, Firstbretter (BS)	3300 x 105 x 22	28 Stück
3	Tragriegel (BS)	3300 x 105 x 22	2 Stück
4	Sparren, Kiefer gehobelt	3300 x 80 x 44	12 Stück
5	Giebellatten (Dachlatten)	3300 x 60 x 44	10 Stück
6	Hilfssparren (Dachlatten)	3300 x 60 x 40	16 Stück
7	Dachlatten/Windfedern	3300 x 48 x 24	50 Stück
8	Red Cedar-Schindeln »Superwand«		5 Karton
9	Zangen	250 x 140 x 26	12 Stück
10	Dachschalung	3300 x 140 x 19	48 Stück
11	Giebel-Profilschalung innen,		
12	außen, Ortgangblenden	3300 x 140 x 19	28 Stück
13	Fußboden-Verlegeplatten	2050 x 920 x 19	4 Stück
14	Bitumendachpappe 1 m, unbesandet 333 g/m2	33 m	
15	Fertigbetonsockel	400 mm hoch	4 Stück
16	Maueranker	120 x 30 x 6	4 Stück
17	Betonmischung für Fundament	ca. 1,5 m³	
18	Maschinenschrauben M8 x 100, verzinkt, mit U-Scheiben und Muttern		12 Stück
19	Füllstücke	4500 x 80 x 44	1 Stück
20	Dämmfilz, 60 mm dick, 1200 mm breit		15 m

Baumaterial Zubehör
verzinkte Drahtnägel
für Dach und Giebelschalung (Position 10 + 11): 2,5 x 50
für Binder (Position 2): 3,1 x 80
für Dachlatten (Position 7): 4,2 110
SPAX-Senkkopfschrauben verzinkt:
für Hilfssparren (Position 6): 6,0 x 120
für Füllstücke und Zangen (Position 9 + 19): 5,0 x 50
für Außenschalung und Blenden (Position 12):
Edelstahlschrauben 4,5 x 40
für Bodenplatten (Position 13): 3,5 x 40
Schlüsselschraube, verzinkt
für Lagerbalken (Position 1): 6,0 x 60
Bierbach-Bilumin-Breitkopfnägel
für Schindeln und Dachpappe (Position 8 + 14): 10 x 25
Bierbach Nagel-Sparrenverbinder 12 Stück
Oberflächenmaterial: Osmo-Color Holzschutz-Imprägniergrund und dekorative Farblasur silbergrau und weiß,
Acryllack signalrot

Die Diagonallatten fixieren die Senkrechte, die man mit dem vom First herabhängenden Senklot kontrolliert.

Für die Binder, die waagerechten Hölzer der Dreiecke, wurden Betonschalungsbretter verwendet – der denkbar preiswerteste Holzbaustoff. Zusammengenagelte Bretter bilden die Bodenbinder der Dreieckgebinde. Sie werden vor dem Vernageln auf genaue Länge geschnitten. Für die Verbindung zwischen Binder und Sparren mit einem Bolzen werden die Teile gemeinsam mit einem Flachbohrer durchbohrt. Für die Bolzen werden möglichst große Unterlegscheiben verwendet.

Wenn das erste Gebinde steht, darf man Richtfest feiern

Sind die Zangen aufgeschraubt, beginnt man beim Richten mit dem Aufstellen der beiden Giebelbinder. Sie werden rechtwinkelig zu den Lagerbalken und parallel zueinander ausgerichtet, festgespannt und mit schräg von der Seite eingeschlagenen Stichnägeln fixiert. Die dazwischenstehenden Gebinde richtet man an einer von Giebel zu Giebel gespannten Schnur aus. Zwei waagerecht aufgenagelte Latten mit Markierungen für den Achsabstand halten die aufgerichteten Gebinde im gewünschten Abstand.
Die Bodenfläche besteht aus kochfest verleimten Fußboden-Verlegeplatten. Für die Sparren sind die Platten mit der Stichsäge auszuschneiden. Unter dem Türgiebel werden die Fußbodenplatten von dem Tragriegel (Pos. 3) gehalten.

Innenausbau schon beim Rohbau von Außen

Füllstücke schaffen für die Dachschalung eine dicht schließende Auflage. Gleichzeitig stabilisieren sie die Spanplatten im Randbereich und füllen die reinigungsunfreundliche Ecke zwischen Boden und Dachfläche. Nageln Sie Profilbretter für die Giebelinnenfläche von außen auf die Sparren. Eine gute Materialausnutzung erreicht man, wenn die Reststücke nicht zu kurz sind, um sie gestürzt auf der Innenfläche des Türgiebels zu verwenden. In der fertigen Giebelfläche werden mit der Kreissäge im Eintauchschnitt die Fensteröffnungen hergestellt. Schrauben

Aufgenagelte Sparren-Pfetten-Verbinder halten die Verbindung.

Nach den Fußbodenplatten werden die Füllstücke eingebaut.

Ein Kantholz ist Ablage- und später Standfläche beim Aufnageln des Profilholzes für die Dachfläche.

Damit sich kein Ungeziefer im Hohlraum einnisten kann, Öffnungen mit Perlondrahtgewebe abdecken.

Zwei diagonal an den Giebelenden einge-nagelte Latten (Windfedern) dienen zur zusätzlichen Aussteifung der Dachfläche.

Der Abstand zwischen den Hilfssparren ist etwas schmaler als eine Dämmfilz-bahn.

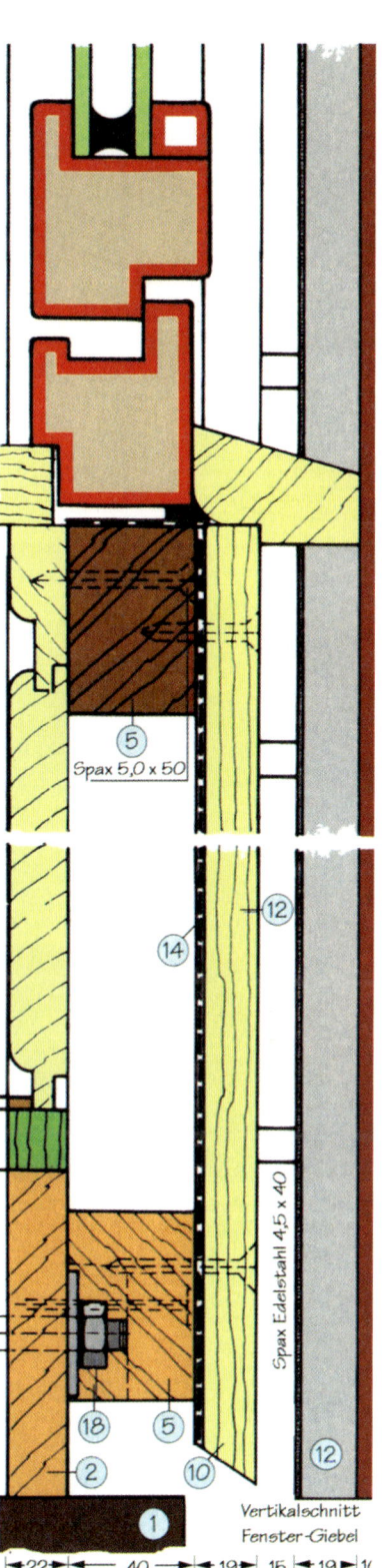

Für den Fenstergiebel wird zunächst die Innenschalung auf die Sparren genagelt, darauf dann die Unterkonstruk-tion aus Dachlatten mit Schrauben befestigt, um schließlich darauf, über einer Lage Bitumenpappe, die Außen-schalung zu schrauben.

Sie anschließend rings um den Ausschnitt und im Abstand von höchstens 600 mm, die Querlatten für die Befestigung der Außenschalung auf. Für die Befestigung der Profilbretter als Fassadenverkleidung sollte man grundsätzlich zu Edelstahl-schrauben greifen. Das gibt eine korrosi-onsfeste und sichere Verbindung, bei der auch keine späteren Oberflächenverfär-bungen zu befürchten sind.

Kleine Öffnungen begünstigen die Luftzir-kulation

Für die notwendige Belüftung des Hohl-raums zwischen Innen- und Außenscha-lung am Giebel werden Löcher in die Traglatten gebohrt. Bohrungen oder Zwi-schenräume in der Unterkonstruktion und die Öffnungen durch die Schattenfu-gen in der Dachschalung erlauben die notwendige Luftzirkulation. Das Perlon-drahtgewebe kann man auch mit pastö-sem Dispersionskleber befestigen, so dass das Eindringen von Ungeziefer unmög-lich wird.

Dachflächenverklei-dung einfach von außen aufnageln

Die Dachschalung wird ebenfalls von außen aufgenagelt. Die senkrechten Kan-

ten können an der fertig verlegten Fläche mit der Handkreissäge beschnitten wer-den. Waagerecht verlegte Profilschalung wird immer so verlegt, dass die Nut nach unten zeigt, damit sich in ihr kein Wasser sammeln kann.

Die als Hilfssparren aufgeschraubten Dachlatten haben die gesamte Last der Dachaußenfläche aufzunehmen und müssen deshalb mit langen Schrauben bis in die Sparren befestigt werden. Sie schaffen auch den notwendigen Zwi-schenraum für die Dämmwolle. Die ein-zelnen Bahnen sollen etwas breiter sein als der tatsächliche Zwischenraum, damit sie dicht am Sparren anschließen. Vor dem Auflegen der Dämmfilzbahnen soll-ten die beiden Latten unter der Dach-fläche für die Ständerkonstruktion des Türgiebels eingebaut werden. Jetzt kann man sie noch von außen durch die Dach-fläche festschrauben.

Bitumenpappe als Unterdach

Die gesamte Dachfläche (ebenso die Gie-belseiten) ist mit Bitumenpappe abzu-decken. Mit dem Verlegen der 1 m brei-ten Bahnen beginnt man an der unteren Dachkante und lässt die Bahn reichlich nach unten überstehen, um damit die untere Dachkante zu verschließen. Die jeweils folgenden Bahnen sollen etwa

Eine 10 mm dicke Leiste sorgt für den gleichen Abstand zwischen den Schindeln.

In wohnlicher Atmosphäre können Kinder ihr eigenes kleines Reich gestalten. So ist es zum Aufenthalt zu allen Zeiten des Tages gerüstet.

Eine auf beiden Dachflächen quer befestigte Reihe Schindeln bildet den Abschluss.

100 mm breit die darunter liegende Bahn überlappen und so lang sein, dass sie am Ortgang (der senkrechten Dachkante) bis auf die Stirnflächen der Dachschalung geführt und dort befestigt werden können. Über den First wird noch eine zusätzliche, in der Mitte gefaltete Bahn Dachpappe gelegt.

Damit eingedrungenes Wasser auch wirklich ablaufen kann, nagelt man zunächst Konterlatten auf die Sparren. Sie halten gleichzeitig die Dachpappe fest und tragen die für zweilagige Deckung im Abstand von 200 mm aufgenagelten Dachlatten.

Holzschindeln als Dacheindeckung

Schindeln aus dem Holz der kanadischen Rotzeder (Red-Cedar-Schindeln) sind ein leicht zu verarbeitender Baustoff zum Verkleiden der Dachfläche. In der genannten Qualität sind sie als harte Bedachung (gleichrangig mit Betonpfannen oder Faserzementplatten) zugelassen. Bei der Dachneigung von 60 Grad ist die sparsame, zweilagige Verlegung in diesem Fall gerade noch möglich. Eine dreilagige Anordnung (Lattenabstand 150 mm) ist schlagregendicht.

Als Unterkonstruktion befestigen Sie senkrechte Konterlatten, waagerechte Dachlatten und im First zwei nebeneinander aufgenagelte Schalbretter. Wählen Sie die Schindeln so aus, dass sich die Fugen jeweils über der Mitte der darunterliegenden Schindeln befinden. Beginnen Sie an der Traufe und verlegen Sie die unterste Reihe doppelt übereinander.

Imprägnierung ist nicht notwendig

Da die Schindeln durch ständigen Wechsel zwischen Nässe und Trockenheit ihre

Per Verlängerungskabel und Caravan-Anschlussdose klappt auch die Stromversorgung.

Die Lattenkonstruktion für den Zwischengiebel miteinander verschrauben. Sonst Klötze als Widerlager aufnageln. Das obere Querstück ist gleichzeitig Türsturz.

Breite verändern, dürfen sie jeweils nur in der Mitte genagelt werden und müssen zueinander einen Zwischenraum von etwa 10 mm behalten.

Korrosionsfeste Aluminiumnägel sind das geeignete Befestigungsmittel. Da das Holz der Rotzeder von Natur aus sehr witterungsbeständig ist, erübrigt sich eine Imprägnierung.

Durch das Tageslicht verschwinden mit der Zeit die rötlichen Farbstoffe des Rotzedernholzes, so dass die Dachfläche eine schöne silbergraue Färbung annimmt.

Den Abschluss der Dacheindeckung bildet auf dem First eine quer aufgenagelte Reihe Schindeln. Diese sollen, genau wie die Dachfläche, gegenüber der Hauptwetterrichtung (meist Südwest) etwa 40 mm über die anschließende Dachfläche überstehen.

Profitipp

Da der umbaute Raum noch unter 35 Kubikmeter liegt, ist die Errichtung dieses Gebäudes lediglich bei der zuständigen Gemeindebehörde anzeigepflichtig. Die Unterlagen dazu: Katasterplan mit eingezeichnetem Gebäude, Grundstückslageplan mit Haupt- und Nebengebäude sowie Grundriss, Ansichten und Baubeschreibung aus diesem Buch.

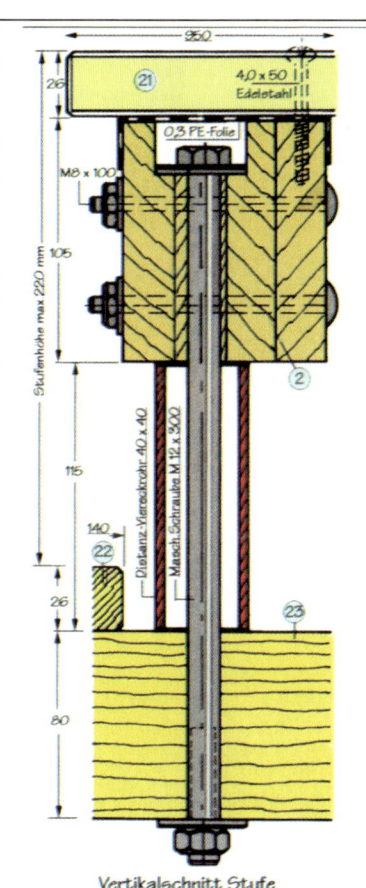

Vertikalschnitt Stufe

Die Eingangsstufe hängt an durchgehenden Maschinenschrauben unter den Brettbindern. Der Sechskantkopf verschwindet in einer Bohrung im Durchmesser der Unterlegscheibe. Der notwendige Abstand wird durch Distanzrohre aus Vierkantstahlrohr fixiert. Um die Stabilität der Binder zu erhöhen, halten knapp neben der Bohrung für die Schraube zusätzliche Schlossschrauben die Bretter zusammen. Zum Schutz vor Nässe wird der Binder mit einer kräftigen Plastikfolie abgedeckt.

Nur die seitlichen Rahmenteile in der Fensterlaibung verschrauben.

Den Spalt zwischen Wand und Fenster von außen mit Dichtungsmasse ausfüllen.

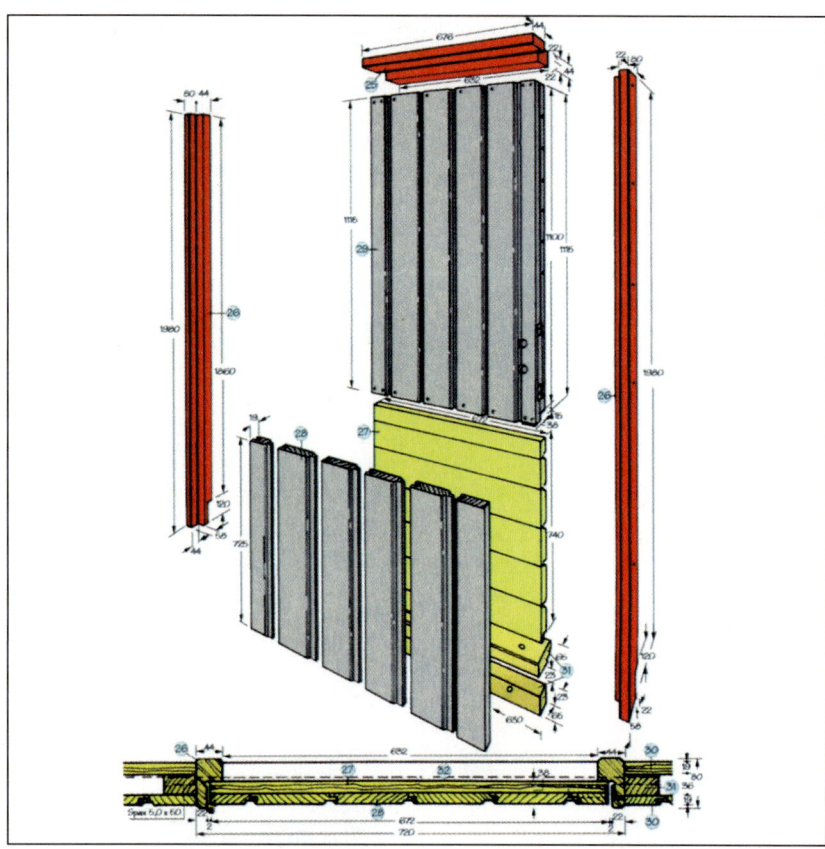

Die Türfläche aus Profilbrettern zusammenbauen. Sie passt sich in einen Blockrahmen ein, der in die Giebelöffnung geschraubt wird.

Ausbau des Garten-Wohnhauses

Der Giebel mit der Tür, die Eingangsstufe und das Fenster vervollständigen den Rohbau zum Garten-Wohnhaus. Mit der Innenausstattung, dem Korkplattenfußboden, Klapptisch und -betten, wird das Haus bewohnbar. Ein glänzendes Rot setzt dabei einen fröhlichen Akzent zu den zurückhaltenden Naturfarbtönen von Holz und Kork.

Fertigelemente sinnvoll einsetzen

Da die Anfertigung eines dicht schließenden Holzfensters recht aufwendig ist, wurde ein Nutzraum-Fenster mit Rahmen aus aufgeschäumten Kunststoff, Dreh-Kippflügel und eingebauten Dichtungsprofilen vorgesehen. Eine sichere und trotzdem recht preiswerte Lösung. Die Tür und die Inneneinrichtung sind dagegen Eigenanfertigungen, wobei für die Tischplatte der Zuschnitt einer Küchenarbeitsplatte verwendet wurde. Bei der Auswahl, Anfertigung und Anbringung

---

AUF EINEN BLICK!

Material für den Ausbau

Boden:

Pos.	Bauteil	Maße in mm	Anzahl
21	Verandabohlen	950 x 140 x 26	19 Stück
22	Stufenbretter	1200 x 140 x 26	2 Stück
23	Stufenträger	1000 x 80 x 44	2 Stück
24	Presskork-Fußbodenplatten	300 x 300 x 4,8	70 Stück

Zubehör: 4 Maschinenschrauben M12 x 300 mit Muttern und Scheiben, 8 Schlossschrauben verzinkt M8 x 100 mit Muttern und Scheiben, 4 Distanz-Vierkantstahlrohre 40/40/3 x 115 lang, 90 Edelstahlschrauben Linsenkopf 5,0 x 50, 0,3 mm PE-Folie schwarz.

Nutzraumfenster		990 x 590	1 Stück
Deckleisten innen		3200 x 40 x 10	1 Stück
Deckleisten außen		2100 x 30 x 19	1 Stück
Wetterschenkel, Kiefer		1000 x 60 x 30	1 Stück

Tür:

Pos.	Bauteil	Maße in mm	Anzahl
25	Blockrahmen, Querstück, Kiefer	676 x 80 x 44	1 Stück
26	Blockrahmen, aufrecht, Kiefer	1980 x 80 x 44	2 Stück

Profilholz, Fichte, Osmo-Profil 44:

Pos.	Bauteil	Maße in mm	Anzahl
27	Tür-Innenfläche	672 x 140 x 19	14 Stück
28	Tür-Außenfläche unten	752 x 140 x 19	6 Stück
29	Tür-Außenfläche oben	1115 x 140 x 19	6 Stück
32	Schwelle, Eiche	630 x 65 x 23	2 Stück

Zubehör: 4 Scharniere 80 x 80 mm (offen), 1 Glastürrahmenschloss 40 mm Dornmaß, 1 Rollenschnäpper, 1 Knopfdrückergarnitur (Hewi Nr. 122), SPAX-Edelstahlschrauben 4,0 x 35 Senkkopf, Senkkopf verzinkt 5,0 x 50.

Klapptisch:

Pos.	Bauteil	Maße in mm	Anzahl
1	Platte, weiß	800 x 600 x 40	1 Stück
2	Tragleiste, Kiefer	750 x 80 x 44	1 Stück
3	Stützfuß, PVC-Rohr	680 x 65 Ø außen	1 Stück
4	Bodenplatte, Buchensperrholz	53 x 4	1 Stück
5	Scharnierbügel, Alu-Flachprofil	880 x 30 x 4	1 Stück

Zubehör: 2 Schlüsselschrauben mit 4 Unterlegscheiben 6,0 x 50, SPAX-Panhead 5,0 x 30, SPAX-Senkkopf 8,0 x 120, Buche-Furnier 2,5 mm dick, Leim, Relo-Gießholz, Osmo-Color-Lasur weiß und grau, Glasurita Lack EA-Rot 26.

Klappliegen:

Pos.	Bauteil	Maße in mm	Anzahl
1	Grundplatte (Spanplatte)	2020 x 730 x 16	2 Stück
2	Rahmenbrett hinten	2002 x 120 x 19	2 Stück
3	Rahmenbrett Stirnenden	724 x 120 x 19	4 Stück
4	Rahmenleiste vorn	2040 x 70 x 26	2 Stück
	Tragleiste	650 x 50 x 23	4 Stück

Zubehör: 4 Scharniere 160 x 40 (offen), 4 Schubriegel 80 mm lang, 4 Schließbleche (Alu-Flachprofil 40 x 20 x 2 mm), Buche-Dübelstangen 12 mm Ø, SPAX-Senkkopfschrauben 3,5 x 35 und 5,0 x 50, Senkkopf-Gewindeschrauben M4 x 25 mit Muttern und Scheiben.

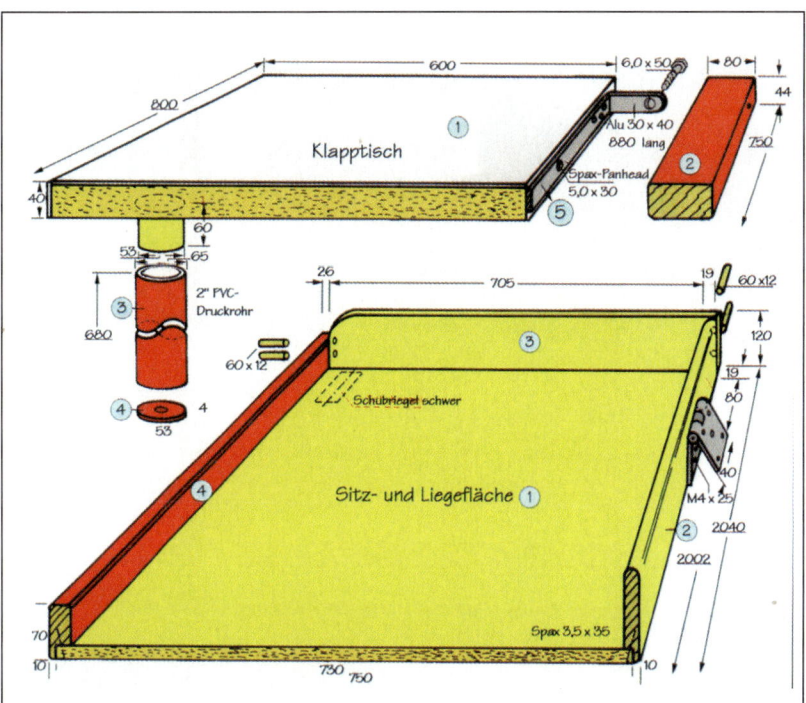

An den Bindern aufgehängte Kanthölzer tragen die Eingangsstufe.

der Beschläge ist darauf zu achten, dass korrosionsfeste Werkstoffe gewählt werden. Aluminium (Plattenscharnier), feuerverzinktes Stahlblech (Schubriegel, Betten- und Türscharniere) sowie witterungsbeständiger Kunststoff (Nylon-Drückergarnitur und Fenster) sind geeignete Materialien.

Für ungeheizte Räume korrosionsfestes Material verwenden

Korkplatten haben für diesen Zweck ebenfalls ideale Eigenschaften, da sie von Natur aus feuchtigkeitsunempfindlich, verrottungssicher sowie trittelastisch und dämmend sind. Wo Schrauben durch Witterungseinflüsse auch Verfärbungen verursachen können, sollte man den finanziellen Aufwand für Schrauben aus Edelstahl nicht scheuen.

Die Inneneinrichtung in dem dargestellten Haus entspricht den Ansprüchen von Kindern. Die Ausstattung als sommerlicher Arbeitsplatz, Partyhütte, Geräteraum oder Gästehaus ist ebenso denkbar.

Ausbau und Innenausbau

Die Arbeiten am Garten-Wohnhaus werden mit dem Einbau des Zwischengiebels fortgesetzt. Ständer und Querlatten in einem Rasterabstand von etwa 600 mm für die Profilschalung sind mit den zuvor an der Dachschalung befestigten Giebellatten zu verschrauben. Die Türöffnung soll 1870 x 720 mm groß werden.

Die Klapptischplatte wird von einem Stützfuß getragen. Das Hart-PVC-Rohr wird unter der Platte von einem angegossenen Zapfen und auf dem Fußboden von einer aufgeschraubten, dünnen Sperrholzscheibe gehalten. Die Randleisten der Bettplatten sind an der Unterkante ausgefalzt, um eine möglichst große Leimfläche zu erhalten. Sie werden zur Sicherheit an den Ecken zusätzlich durch von außen eingeleimte Dübel stabilisiert.

Alu-Winkelprofilabschnitte schützen den Blockrahmen vor Schlossfalle und Schnäpperrolle.

Ein Bügel aus Aluminium-Flachprofil verbindet Platte und Tragleiste an der Wand.

Für den Stützfuß einen Zapfen angießen. Ein Rohrabschnitt dient als Form.

Beim Befestigen der Giebelschalung, außen mit Edelstahlschrauben und innen mit Profilbrettkrallen, kann gleich die Anschlussdose eingebaut werden. Für den Innenanschluss setzen Sie eine Schutzkontakt-Hohlwandsteckdose ein. Die Träger für die Eingangsstufe werden vor dem Aufschrauben der Verandabohlen eingebaut. Das Maß für die Maschinenschraube und Distanzrohre ist entsprechend den örtlichen Gegebenheiten zu wählen. Die Stufe soll genau auf halber Höhe zwischen Gelände und Verandabohlen hängen.

Sorgfältiger Einbau verhindert undichte Fenster

Zum Fenstereinbau wird der Blendrahmen durch gegeneinander verschiebbare Keile zunächst an der Unterkante und dann an den senkrechten Rahmenteilen nach der Wasserwaage ausgerichtet. Die Keile setzen Sie möglichst weit an den Außenecken an. Drehen Sie die Befestigungsschrauben nur durch die senkrechten Rahmenseiten und die Keile. Die als Schlagregensicherung über die gesamte Giebelfläche verlegte Bitumenpappe wird vor dem Fenstereinbau in der Fensteröffnung angeklammert. Damit sie nicht mit der elastischen Acryl-Dichtungsmasse in Berührung kommt (Bitumen und Dichtmassen vertragen sich nicht), deckt man sie mit einem selbstklebendem Aluband so ab, dass die seitlichen Kontaktflächen an Blendrahmen und Giebelschalung davon frei bleiben.

Die Dichtmasse sollte so eingespritzt werden, dass ein Dichtungsstrang von etwa 1 cm² im Querschnitt entsteht. Er muss vor allem an den Flanken gut haften und überall direkt anschließen. Wird der Blendrahmen mit der Giebelinnenfläche bündig eingebaut, kann man die inneren Deckleisten, an den Ecken auf Gehrung zugeschnitten, auf den Blendrahmen schrauben.

Eine Klöntür lässt auch Licht und Luft ins Haus

Das Türblatt ist in der Mitte geteilt, und zwar so, dass die obere Fläche die untere festhält. Diese »Klöntür« (norddeutsch: Klönen = Unterhalten) hat den Vorteil, dass sie bei geöffnetem Oberteil Licht und Luft in den Raum lässt, ungebetenen Gästen den Zutritt jedoch verwehrt. Drehen Sie die Schrauben für die Verbindung der Profilbretter untereinander nahe der Schattennut ein. Für die Schlossbohrungen sollte man sich ein Bohrmodell anfertigen, falls die Bohrungen genau in der Schattennut angeordnet werden müssen. Die Schlosskastenaussparung wird gebohrt und ausgestemmt. Fräsen Sie vorher mit einem Raspelfräser die Vertiefung für den Stulp aus. Das fertige Türblatt sollte man zunächst im provisorisch zusammengespannten Blockrahmen einpassen und Scharniere sowie Schließbleche anbringen. Die Scharniere so weit in die Türkante einlassen, dass ringsum Zwischenraum von 2 mm verbleibt. Eine Türschwelle aus Eichenholz überdeckt mit einem schmalen Falz die Korkplattenkante und verschließt den Spalt zwischen Fußboden und Türunterkante. Sie soll nicht in den Blockrahmenfalz hineinragen, da er mit Absicht nach unten durchgeführt ist, um eingedrungenes Regenwasser abzuleiten.

Platz sparende Einbauten

Die rohen Spanplattenkanten der Arbeitsplatte mit einem dicken, aufgebügelten Buchenfurnier beleimen. So lassen sich die Kanten gut abrunden und durch eine Holzlasur der Farbgebung anpassen. Ein rot lackierter Abschnitt vom Sparrenholz dient an der Giebelwand als Trägerleiste für die Tischplatte.

Das Stützrohr, genau rechtwinkelig abgesägt, ist vor der Lackierung mit Vorstrichfarbe als Haftgrundierung zu behandeln. Wer keine Drechselbank hat, kann den Aufnahmezapfen aus einer mit Holzmehl gefüllten Polyestergussmasse – dem so genannten Gießholz – herstellen. Damit das Gießholz gut auf der Plattenunterseite haftet, muss man die Kontaktstelle vorher mit einem Stecheisen kräftig anritzen.

Freie Bodenfläche zum Spielen bei hochgeklappter Einrichtung

Für die Liegeflächen genügen 16 mm dicke Spanplatten. Ihre Stabilität erhalten sie durch die aufgeleimte und verschraubte Umrahmung aus Profilholzresten. Die Scharniere sind an der hinteren Randleiste mit durchgehenden Gewindeschrauben zu befestigen. An den kurzen Seiten liegt die Platte auf Tragleisten, die mit Leim und Schrauben auf der Giebelschalung befestigt sind. Die vordere Tragleiste grundieren und rot lackieren. Stabile Schubriegel, auf die Unterseite geschraubt, halten die Liegen im hochgeklappten Zustand unter der Dachfläche fest. Für den Riegel Schließbleche an der Aussparung im Holz aufschrauben.

Spiel- und reinigungsfreundlicher Bodenbelag

Vor dem Verlegen der Korkplatten mit einem schnell härtenden Polyesterspach-

Hochgeklappte Betten werden von schweren Schubriegeln gehalten.

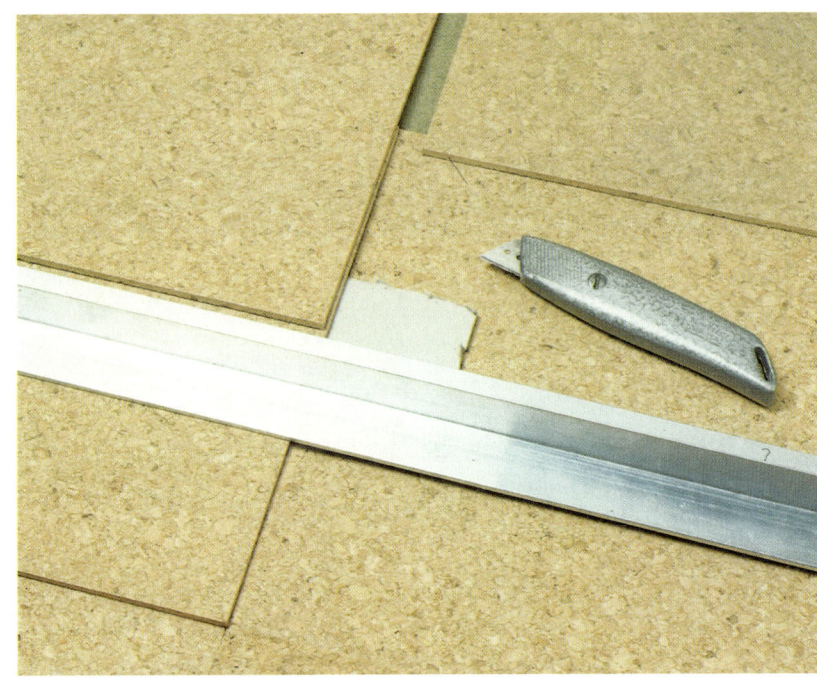

Maße für passgenaue Randplatten mittels Musterplatte feststellen.

tel sind die Spanplattenfugen auszufüllen und zu egalisieren. Mit dem Verlegen der Fußbodenplatten beginnt man in der Raummitte. Den Abstand zwischen Wand und Anlage so wählen, dass die Randplatte mindestens halb so breit wie das volle Format wird.

Spezieller Korkplattenkleber garantiert eine sichere Verklebung. Beim Einpassen der Randplatten ist zunächst eine volle

Platte deckungsgleich mit der letzten vollen Platte aufzulegen. Was nicht von einer weiteren, bis zur Wand hin aufgelegten Platte verdeckt wird, ist das Stück für den Zwischenraum. Zum Schutz die Korkplattenoberfläche mit flüssigem Klarwachs in zwei bis drei Schichten versiegeln. Sie kann dann nass gewischt werden. Gießen Sie das Wachs einfach auf dem Boden aus und verteilen Sie es mit einem kurzflorigen Farbroller.

Holzdeck als Terrasse

Auch eine **kleine Terrasse** kann mehr sein als nur eine ebene, rechtwinkelige Fläche. Gerade **verschiedene Ebenen** lassen Ihre Terrasse großzügiger erscheinen. **Holzdeckterrassen** passen sich nicht nur harmonisch in die **Naturwelt Ihres Gartens** ein, sie sind auch ein **stilvolles Element**, das Ihren gesamten Wohnbereich aufwertet.

AUF EINEN BLICK!

Material

Kesseldruckimprägniertes Gartenholz
Die endgültigen Maße werden in aller Regel, entsprechend den örtlichen Gegebenheiten, von dem Beispiel abweichen. Deshalb lassen sich nur gängige Halbfertigteile benennen. Die Mengen und endgültige Abmessungen sind vor Ort zu ermitteln.

Pos.	Bauteil	Maße in mm
1	Rahmenbretter	4500 x 28 x 170
2	Deckbretter	4500 x 28 x 170
3	Stelzen	600-850 x 28 x 68
4	Querverbinder	bis 850 x 28 x 68
5	Ecklatten	850 x 28 x 68
6	Tragleisten	3000 x 26 x 56
7	Verbindungsleisten	600 x 26 x 56
8	Traglasche	150 x 28 x 170
9	Stufenträger	460 x 28 x 170
10	Betonpflastersteine	200 x 100 x 80

Zubehör

Holzimprägnierung, Mauerdübel 12 mm Ø, Holzschrauben mit Sechskantkopf 8,0 x 100, Nietscheiben, Senkkopf-Holzschrauben Edelstahl 5,0 x 50, Senkkopf-Holzschrauben verzinkt 5,0 x 50

Werkzeuge

Grabwerkzeug, Schraubzwingen, Schlauchwaage, Stahlbandmaß, Wasserwaage, Hilfslatten, Handkreissäge, Bohrmaschine, Schraubendreher, Fuchsschwanz, Feile, Schleifer, Kantholz

Eine Holzkonstruktion ist die einfachste Art, eine attraktiv gegliederte Terrasse zu gestalten. Wenn Sie noch dazu mit verschiedenen Ebenen arbeiten, wirkt Ihre Terrasse nicht wie ein fest gefügter Block aus Stein, sondern vermittelt besonders bei kleinen Flächen einen großzügigen Eindruck.

Holzdecks haben eine lange Tradition

Die historische Urform solcher Anlagen reicht weit zurück. Die besondere Atmosphäre hat ihren Ursprung im gediegenen Bootsanleger und im perfekt verarbeiteten Bootsdeck, von dem auch der Begriff abgeleitet wurde.

In Amerika gehört die Holzveranda zum historischen wie zum modernen Baustil, was auch ein Beweis für die Beständigkeit des Baustoffes Holz ist. Witterungsbeständige Holzarten sind keineswegs pflegebedürftiger als andere Terrassenbeläge.

Erst wenn die Grube fertig ist, mit waagerecht ausgerichteten Hilfsbrettern die Länge der Stelzen ermitteln.

Holz wie andere Terrassenbeläge säubern

Auf Waschbetonplatten wachsen Algen genauso wie auf Holz. Nur bleibt Holz länger feucht und vermittelt deshalb einen pflegebedürftigeren Eindruck.

Durchfeuchteter Algenbelag lässt sich jedoch, auch durch die gerichtete Profilstruktur der Brettoberfläche, leichter entfernen. Durch Ameisennester abgesackte oder schiefe Platten muss man auf einem Holzdeck auch nicht befürchten. Anstriche sind auf den geeigneten Holzarten, wie z. B. kesseldruckimprägnierter Kiefer, Robinie, Red Cedar oder Bangkirai, grundsätzlich nur erforderlich, wenn man eine bestimmte Färbung wünscht. Sonst nehmen alle Holzarten nach geraumer Zeit eine natürliche, silbergraue bis anthrazitfarbene Patina an. Lasur- oder Lackanstriche auf Holz bedürfen allerdings von Zeit zu Zeit einer Auffrischung.

Exakt ausgerichtete Stelzen mit festgestampften Kies im Erdreich einbauen.

Auf diese Weise gelingen exakte Gehrungsschnitte.

Gartenholz lässt sich einfach verarbeiten

Der Bau einer Holzterrasse ist leichter zu bewältigen als die Herstellung eines fachgerechten Untergrunds und das Belegen der Terrassenfläche mit Platten aus Betonwerkstein oder Keramik. Nicht zuletzt auch deshalb, weil ein einziger Baustoff

für die tragende Konstruktion und den Belag ausreicht.

Eine Holzterrasse lässt sich völlig unabhängig vom Untergrund auf Stelzen errichten, und die Kosten liegen deutlich niedriger als für eine herkömmliche plattenbelegte Terrasse.

Neue Terrassenfläche über alten Platten

Auch eine ältere Terrasse lässt sich auf diese Weise sanieren. Kesseldruckimprägnierte Holzbalken mit einem Querschnitt von 45 x 95 mm eignen sich am besten

Praxistipp

An Hanglagen sind Holzplattformen oft die einzige Möglichkeit für eine Balkonterrasse. Der Unterschied zum niedrigen Deck besteht im standfesten hohen Gerüst, mit entsprechenden Balkenquerschnitten und diagonalen Verstrebungen.

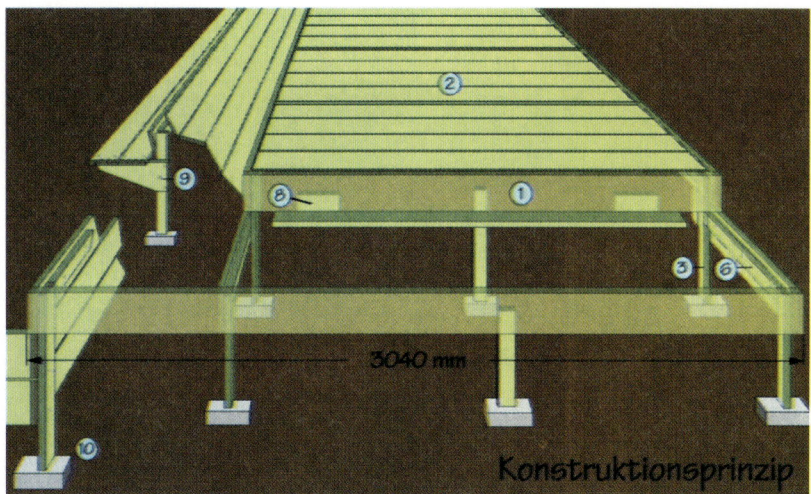

Hochkant, an Stelzen auf Betonpflastersteinen montierte Rahmenbretter erlauben eine ebene Fläche, unabhängig von der darunter liegenden Geländeform.

als Rahmenholz für die Sanierung, da sie die geringste Höhe aufweisen.

Eine grundsätzliche Entscheidung verlangt die Verlegeart der Deckbretter. Entweder werden sie fest auf die Unterkonstruktion geschraubt oder als bewegliche Bretterroste in die Rahmenkonstruktion eingelegt. Wenn Sie eine asymmetrischen Form wählen, bieten sich aufgeschraubte Deckbretter an.

Bei den umrahmten, lose eingelegten Rosten verlangt die wirtschaftliche Materialnutzung ein bestimmtes Raster. Roste haben den Vorteil, dass man sie schnell hochheben kann, falls einmal etwas

durch die offenen Fugen fällt. Natürlich lassen sich genauso gut auch asymmetrisch gestaltete Roste anfertigen oder die Deckbretter asymmetrisch auf die Rahmen schrauben.

Standardmaße bestmöglich nutzen

Um mit möglichst geringem Aufwand ein attraktives Ergebnis zu erreichen, ist es vorteilhaft, Standardmaße zu verwenden. Im hier gezeigten Beispiel bestimmt die Standardlänge von 4,5 m die Grundabmessungen. Der Brettquerschnitt von 28 x 170 mm wirkt optisch günstig. Der

Standardquerschnitt 24 x 160 mm würde für die gezeigte Konstruktion auch genügen, denn die Tragfähigkeit der hochkant montierten Rahmenbretter hat auch beim Abstand der Stelzen bis zu 1500 mm noch ausreichende Reserven. Daraus ergeben sich 2230 x 710 mm große Bretterroste. Eine wirtschaftliche Fläche, die sich gerade noch handlich bewegen lässt. Ausgangspunkt für die Unterkonstruktion ist der höchste Punkt der geplanten Terrassenfläche. Von dort aus werden die Eckpunkte der obersten Ebene festgelegt und an der Stelle eine etwa 30 cm tiefe, enge Grube ausgehoben. Für das Festlegen der Entfernung ist ein Stahlbandmaß oder gleich schon das fertig zugeschnittene Brett zu verwenden. Den rechten Winkel zwischen Basislinie am Haus und den Außenecken können Sie mit der 3:4:5 Regel (siehe Zeichnung Draufsicht) kontrollieren.

Waagerechter Aufbau nach einfachem Prinzip

Die Gruben sollen so groß sein, dass ein Betonpflasterstein gut hineinpasst. Er wird mit einem langen und damit schweren Kantholz einige Zentimeter fest in den Untergrund gestampft. An die lose in die Gruben gestellten Stelzen spannen Sie ein gerades Brett mit Schraubzwingen so fest, dass die Oberkante genau waagerecht ist. Bei Entfernungen über 3 m lässt sich die Waagerechte mit der Schlauchwaage oder, ganz komfortabel, mit dem Lasernivelliergerät exakter kontrollieren als mit der Wasserwaage. Auf diese Weise wird die genaue Länge der einzelnen Stelzen ermittelt. Die Stelzen müssen jedoch um die Dicke der

Profitipp

Beim Zuschnitt von kesseldruckimprägniertem Gartenholz sind die Schnittstellen nicht mehr imprägniert. Deshalb Schnittflächen generell mit farbloser Holzimprägnierung nachbehandeln, sonst bleiben diese Stellen dem Angriff von Mikrolebewesen, Pilzen und Insekten schutzlos ausgesetzt. Diese Teile erst weiterverarbeiten, wenn der Anstrich getrocknet ist.

Stelzen mit Stufenträgern zunächst mit kleinen Steinen (Geröll 40/60 mm) besonders sorgfältig in der Grube fixieren, damit sie bei Belastung nicht »ausweichen können«. Die Stufenhöhe zum Gelände muss genau dem Höhenunterschied der Ebenen entsprechen. Ungleich hohe Stufen machen unsicher.

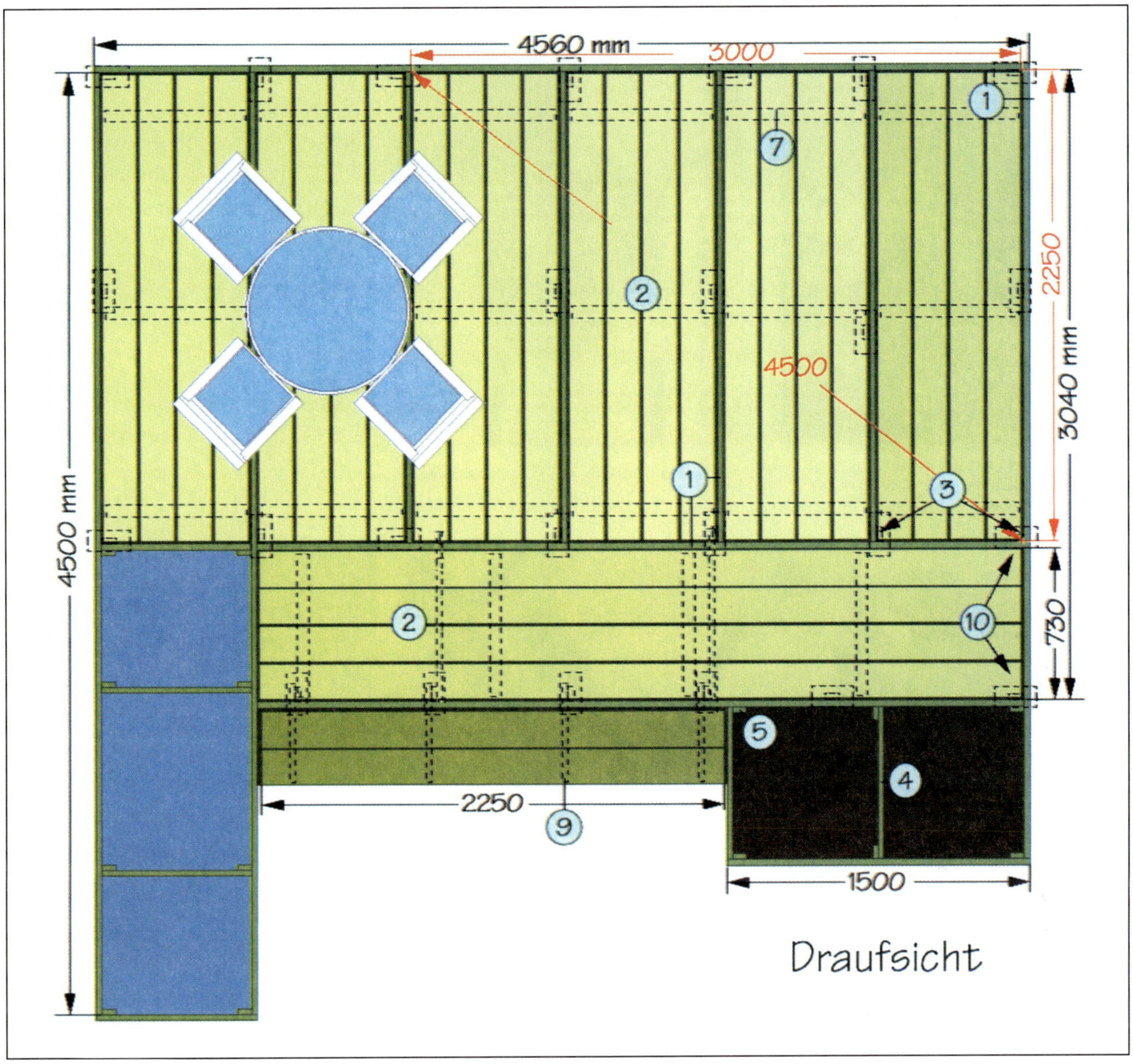

4560 mm 3000

2250

3040 mm

4500

730

4500 mm

① ⑦ ② ① ③ ⑩ ② ⑤ ④

2250

⑨

1500

Draufsicht

Auf nicht einmal 20 m² Fläche lassen sich Sitzplatz, freie Bodenfläche für Kübelpflanzen und Kästen für Wasserpflanzen oder Erdkulturen aufgelockert unterbringen.

Deckbretter kürzer werden, als es auf den Rahmenbrettern markiert ist. Sind die Enden der Bretter mit den Stelzen verschraubt, lässt sich der Außenrahmen genau rechtwinkelig ausrichten. Dazu müssen die Diagonalen gleich lang sein. Mit über Eck aufgehefteten Leisten können Sie diese Stellung fixieren und die Gruben mit Erde füllen.

Schließt die Holzterrasse direkt am Haus an, können Sie das entsprechende Rahmenbrett auch am Mauerwerk andübeln. Etwa 15 mm dicke Unterlagen halten dabei einen Zwischenraum als Regenabfluss frei. Die Anzahl der Stelzen bestimmt die Standsicherheit.

Felder über 2250 mm Länge sollten zusätzlich noch auf Querträgern liegen.

Tragleisten als Auflage für die Bretterroste. An einem Musterstück den Abstand zwischen Leiste und Oberkante Rahmen regulieren.

Wenn die Bretter der Einlegeroste gemeinsam zugeschnitten werden, haben alle exakt die gleiche Länge.

Die lebendige Maserung der nordischen Kiefer bringt Abwechslung in die Bodenfläche. Mit einem Farblasuranstrich kann man diesen Eindruck egalisieren.

Nur wenn Verbindungsleiste und Brett fest aufeinander gepresst werden, kann man sich das Vorbohren für die Schrauben sparen.

Sorgfältig gerundete Kanten unterstreichen die fachgerechte Ausführung. Solche Schnittflächen immer zusätzlich imprägnieren.

Jetzt kann man die Abstände der einzelnen Felder am Außenrahmen anzeichnen, um danach die restlichen Gruben auszuheben, Betonsteine einzubauen und entsprechend der jeweiligen Grubentiefe die Stelzen zuzuschneiden. Sie werden an den Innenflächen der Rahmenbretter genau senkrecht ausgerichtet, festgespannt und mit zwei Schrauben im Abstand von 110 mm angeschraubt. Exakt zugerichtete Distanzlatten erleichtern das genaue Einhalten gleichmäßiger Abstände zwischen den Stelzen und den einzelnen Feldern. Ungenauigkeiten lassen sich sonst nur mit einem erheblichen Mehraufwand

durch passend zum Feld angefertigte Bretterroste ausgleichen.

Die Stelzen sollten wenigstens mit ihrer halben Länge im Erdreich stehen. Durchschnittlich pro Quadratmeter Deckfläche wenigstens zwei Stück, jeweils zueinander um 90 Grad gedreht einbauen. Gruben mit gut festgestampftem Kies auffüllen.

Verbindungsleisten halten die Bretterroste gleichzeitig auf Rahmenmitte

Die Tragleisten sind anschließend so einzupassen und anzuschrauben, dass ihre Enden die Stelzen mit dem Rahmenbrett zusätzlich einklemmen. Dabei können Sie auch kurze Abschnitte von Standardlängen aneinander setzen. Wichtig ist es, den Abstand zur Oberkante der Rahmenbretter genau einzuhalten, damit Deckbrett und Oberkante später in genau gleicher Ebene liegen.

Die 4,5 m langen Standardlängen für die Bretterroste zunächst nur halbieren und mit 10 mm dicken Klötzchen als Abstandhalter aneinander legen. Dabei sollten die Bögen der Jahresringe auf den Stirnflächen nach oben weisen (= linke Brettfläche). Liegen die Deckbretter (mit Leisten und Schrauben zum Rost verbunden) dann in dem Rahmen, zeigt die rechte Brettfläche nach oben. Diese Fläche wölbt sich in der Regel, abhängig von der Feuchtigkeit, etwas nach oben, was weniger auffällt als hohle Brettflächen.

Bretter nach den Jahresringen ordnen

Wenn Sie die linke Brettseite als Sichtfläche wählen, zeigt sie in der Regel eine etwas schlichtere, glatte Maserung mit wenig Rissen. Im Vergleich zur Rahmenkante und in flachem Streiflicht wirkt diese Seite optisch weniger befriedigend. Grundsätzlich sollte jedoch an allen Brettern die gleiche Seite sichtbar sein, sonst wirkt die Gesamtfläche zu unruhig. Die Deckbretter erst zur Fläche verbunden

Nur mit Wasser aus der Düse des Hochdruckreinigers lassen sich Schmutz und Algen entfernen. Gleichmäßigen Abstand zum Holz einhalten.

Aufgeschraubte Stahlwinkel verbinden die Traversen zu einem Rahmen, in dem Montageleisten die eingelegten Holzroste tragen.

Sicherheitstipp

Für die tragenden Verbindungen der Konstruktion sollten Sie Holzschrauben aus rostfreiem Edelstahl verwenden. An der Unterseite der Deckbretter oder in den Traglatten sind die Schrauben vor der Witterung etwas geschützt. Hier kann eine verzinkte Oberfläche ausreichen. Alle Schraubenlöcher in gleichmäßigen Abständen markieren, das aufliegende Bauteil durchbohren und für den Senkkopf aufreiben. Das befriedigt bei sichtbaren Schraubenköpfen nicht nur optische Ansprüche, es dient vor allem der bestmöglichen Anordnung der Schrauben.

auf die genaue Länge absägen. Beim Einzelzuschnitt lassen sich geringe, aber erkennbare Differenzen nicht immer ganz vermeiden. Die Schnittflächen abschließend mit Raspel, Feile oder Sandplateschleifer von Splittern befreien und so abrunden, dass sie zu den gerundeten Brettkanten passen.

Fertigelemente

Eine Holzterrasse lässt sich auch aus Fertigelementen mit passenden Konstruktionshölzern aufbauen. Die profilierten Lagerbalken können auf einer vorhandenen Terrasse oder auf Punktfundamenten aus Beton oder Betonfertigteilen, wenn sie wenigstens 12 cm Aufbauhöhe zulassen,

als Grundrahmen genau waage- und winkelrecht ausgerichtet werden. Für die Eckverbindungen stehen Stahlwinkel zur Verfügung, die in das Profil der so genannten Grundtraversen passen. In dieser breiten Nut werden auch die Montageleisten als Träger für die Holzroste im Format 1180 x 590 verschraubt. Damit liegen automatisch Balkenoberkante und die Oberfläche vom Holzrost in der gleichen Ebene. Bei der Verwendung von niedrigen Grundtraversen lassen sich optisch größere Felder oder eine völlig rahmenlose Gestaltung erzielen. Die Oberfläche der Holzroste sind mit einer speziellen Profilierung versehen, deren gerundete Kanten sich sympathisch weich anfühlen. Gleichzeitig soll das Profil die Rutschgefahr auf nassen Holzflächen verhindern. Diese Osmo-Gard-Fertigelemente werden in den Qualitäten kesseldruckimprägnierte Kiefer und dem exotischen Bangkirai angeboten.

Holzdeck säubern

Wie jeden anderen Terrassenbelag sollte man auch ein Holzdeck von Zeit zu Zeit säubern. Ein günstiger Zeitpunkt zur Reinigung ist nach einer Regenperiode, wenn der Belag noch nass und weich ist. Schrubber und grüne Seife (Schmierseife) sind zweifellos sehr umweltverträgliche Hilfsmittel, wenn die Terrassenfläche wieder sauber strahlen soll.

Nicht weniger umweltfreundlich, aber komfortabler ist die Kraft der Hoch-

Von breiten Traversen eingerahmte Einzelfelder sind charakteristisch für dieses Decksystem aus Fertigelementen.

druckreiniger. Damit nicht eine streifige oder gar beschädigte Holzoberfläche das Ergebnis wird, muss man die Düse immer in genau gleichem Abstand über der Holzfläche führen. Das gelingt nur mit einem Führungsroller am Düsenrohr, der sich auf den wirkungsvollsten Abstand einstellen lässt.

Ökotipp

Die Vegetation unter dem Holzdeck stirbt aus Lichtmangel bald ab. Laubhaufen oder Totholz können jedoch auch unter einer Holzterrasse den Tieren im Garten willkommenen Unterschlupf bieten.

Friesenbank

Eine schöne Bank ist nicht nur willkommener Ruheplatz in der Sonne, sondern auch eine dekorative Zierde vor dem Haus. Als Eigenbau ist sie ein einmaliges Stück mit wesentlich höherem Wert als Industrieprodukte. Diese Bank wird schnell zu Ihrem Lieblingsplatz, wenn Sie sie auf die Abendsonnenseite Ihres Hauses stellen.

AUF EINEN BLICK!

Material
Bank aus Fichte-Halbfertigprofil 140 x 26 mm, Rechteckleisten 20 x 35, Ramin-Rundstäbe.

Pos.	Bauteil	Maße in mm	Anzahl
1	Armlehne	368 x 40 Ø	2 Stück
2	Rundsprossen	368 x 30 Ø	6 Stück
3	Beine	750 x 140 x 26	4 Stück
4	Querzarge	368 x 90 x 26	2 Stück
5	Querstück	368 x 45 x 26	2 Stück
6	Längszarge	1086 x 90 x 26	2 Stück
7	Sitzleiste	1250 x 67 x 26	5 Stück
8	Sitzleiste (Lehne)	1106 x 67 x 26	1 Stück
9	Kopfbrett (Lehne)	1400 x 140 x 26	1 Stück
10	Kreuzsprossen	640 x 35 x 20	4 Stück
11	Distanzstück 10°	16 x 40 Ø	2 Stück

Schloßschrauben rostfrei M6 x 65 (6 Stück) mit U-Scheiben und Flügelmuttern,
Rundkopf-Holzschrauben aus Messing 6,0 x 50 (ca. 16 Stück)
Baumaterial Zubehör: Buchendübel 40 x 10 Ø, wasserfester Holzleim, Acryl-Vorlack, Lackspachtel, Fensterlack

Werkzeuge
Stichsäge, Bohrmaschine, Oberfräse und Fräser, Schleifer, Handhobel, Surformhobel, Sandplateschleifer, Schraubzwingen, Dübelspitzen, Furnierplatte, Hilfsleisten, Feinsäge, Stecheisen, Schraubendreher, Japanspachtel, Lackpinsel

In Handarbeit zusammengepasste Teile zeigen etwas von den handwerklichen Fähigkeiten.

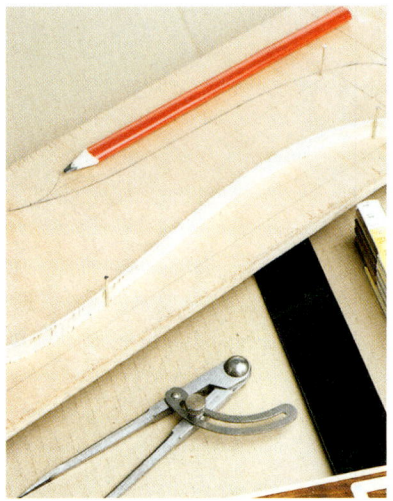

Den sanften Schwung der Konturen zunächst auf eine Schablone übertragen.

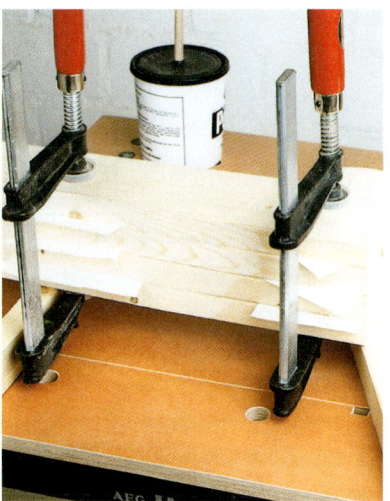

Verdünnter Holzleim verbindet gleichförmige Teile zur gemeinsamen Bearbeitung.

Sorgfältig bearbeitete Kantenflächen sind die beste Voraussetzung ...

... für perfekt profilierte Kanten (Oberfräse im stationären Tisch).

S itzmöbel für den Garten sollten nicht nur schön und bequem, sondern auch witterungsbeständig und haltbar sein. Wenn man sie für die kalte Jahreszeit einfach zerlegen und geschützt aufräumen kann, bleiben sie über viele Jahre erhalten.

Bänke der hier dargestellten Art sind in Nord- und Ostfriesland in einfacher oder handwerklich hochwertiger Ausführung üblich, als Sitzgelegenheit vor dem Haus oder als Gartenbank. Besonders häufig findet man die meist hochglänzend weiß lackierten Bänke im Windfang vor dem Hauseingang. Aber auch Kiefer, farblos lasiert, oder andere Holzarten mit farbig lasierter Oberfläche sind reizvolle Varianten. Für den Standort im Freien ist eine

Auf die Nachbearbeitung per Hand kann man jedoch nie verzichten.

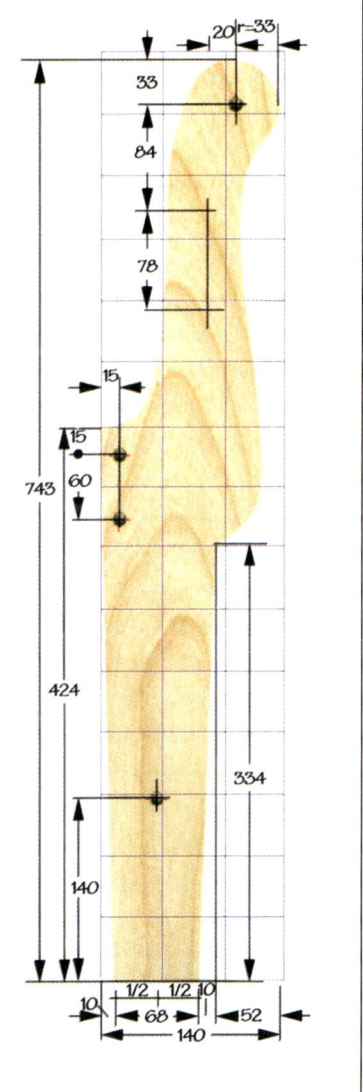

Ein Rasterquadrat entspricht 50 x 50 mm. Die angegebenen Maße sind Fertigmaße.

Schlossschrauben mit Flügelmuttern (Edelstahl rostfrei) verbinden Sitzrahmen und Seitenteile. Die Schrauben zur Verbindung zwischen Seitenteil und Rückenlehne vor dem Verleimen einbauen. Auf dem Sitzrahmen wird die Lehne nur mit zwei kurzen Dübeln fixiert.

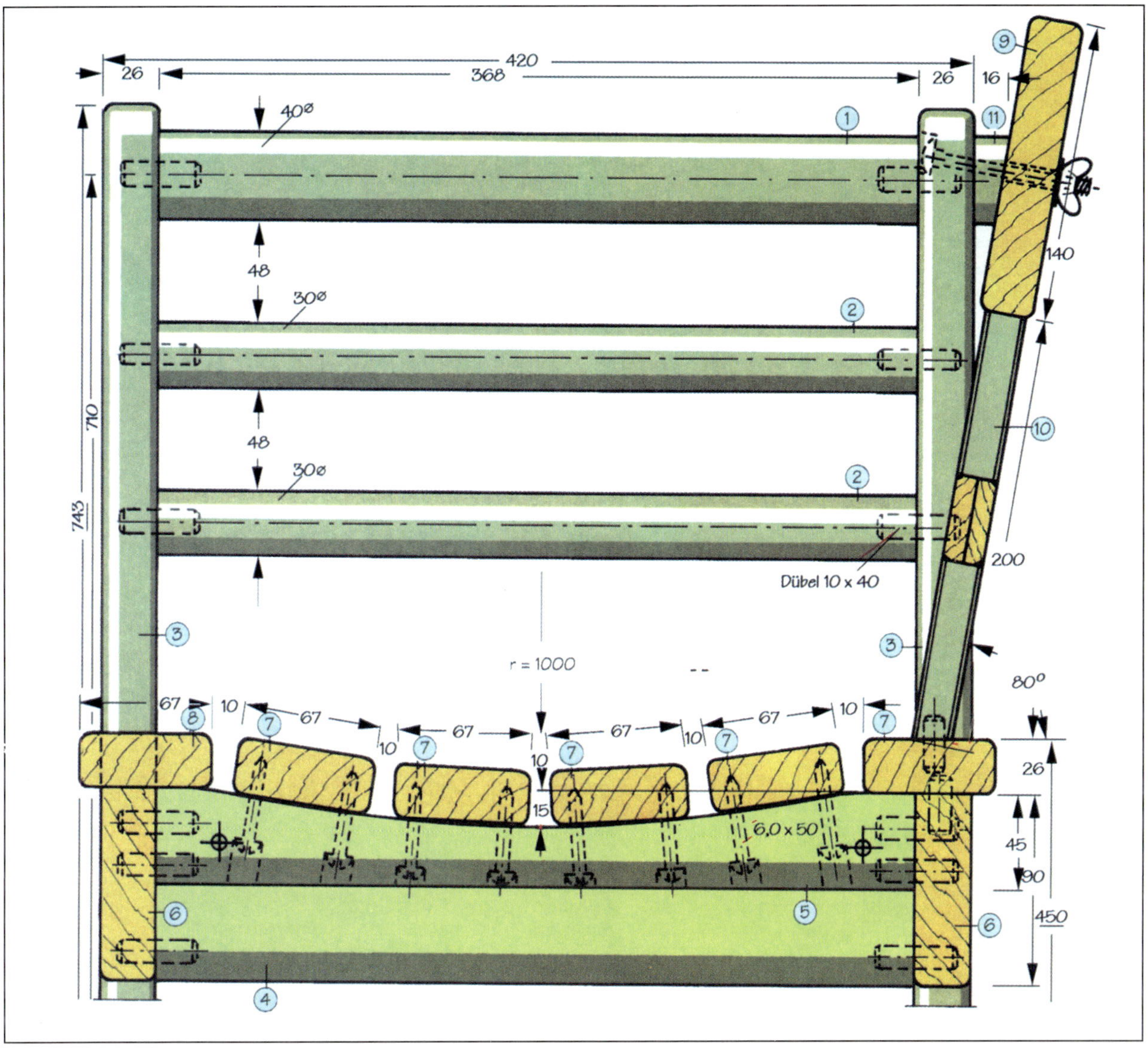

Dübel verbinden die Kreuzsprossen der Rückenlehne mit der hinteren Sitzleiste. Den Abstand zwischen Arm- und Rückenlehne überbrückt ein eingepasster Rundstababschnitt. Die Bohrung im Kopfbrett der Lehne für die Verbindungsschraube muss für die Montage etwas Spielraum haben.

besonders sorgfältige Bearbeitung und Behandlung der Oberfläche notwendig.

Profilierte Kanten, ein Merkmal hoher Qualität

Die allseitige Abrundung der Kanten erweckt nicht nur den positiven Eindruck von geschickter handwerklicher Ausführung, vor allem wird dadurch die Witterungsbeständigkeit erhöht. An eckigen Kanten kann der Lackfilm, weil er abläuft, keinen ausreichend dicken Film bilden. Auf gerundeten Flächen bleibt er dagegen stehen.

Die hochglänzende Oberfläche ist weniger schmutzempfindlich, und das Son-nenlicht zaubert darauf reizvolle Reflexe. Dadurch kommen die geschwungenen Konturen besonders schön zur Geltung. Polstert man die Bank noch mit kleinen Kissen, kann man es darauf gut aushalten. Deshalb sind die Abstände der Sprossen in den Armlehnen und der Rückenlehne bewusst knapp gehalten. Der Bequemlichkeit dienen auch die schräg gestellte Rückenlehne und die ein wenig nach innen gewölbte Sitzfläche.

Auch im Winter gut verwahrt

Anders als das Vorbild ist diese Bank jedoch zerlegbar. Lediglich sechs korrosi-

Das Modell für die Form ist gleichzeitig Bohrschablone für die Dübellöcher.

Auf der schräg abgesägten Distanzscheibe liegt das Bein schräg im Bohrständer (10 Grad).

Eine Leiste, an den Stützklötzen gebogen, beschreibt den Bogen der Lehne, ...

... der nach dem Aussägen mit dem Handhobel zu ebnen ist.

Zum Anzeichnen der Schnittlinien die Sprossenteile im Winkel von 45 Grad einspannen.

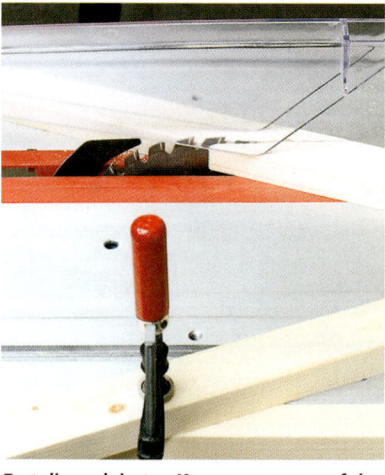

Erst die verleimten Kreuzsprossen auf das endgültige Format beschneiden.

Dübelspitzen als Einsatz im Dübelloch übertragen den Bohrlochmittelpunkt.

onsfeste Schlossschrauben aus rostfreiem Edelstahl halten die Einzelteile sicher und stabil zusammen. Zerlegt lässt sie sich auf engem Raum überwintern und behält dadurch ihren Wert.

Für die vier gleichen Beine sollten Sie zunächst eine Schablone aus etwa 10 mm dicker Furnierplatte anfertigen. Durch das Raster in der Zeichnung lassen sich die Konturen leicht übertragen. Ein Kreis mit 33 mm Radius am oberen Ende ist der Beginn für die geschwungenen Konturen.

Profitipp

Mit einer Stockschraube können Sie die Rundstäbe ins Futter der aufgespannten Bohrmaschine einspannen. Bei niedriger Drehzahl den Stab mit Schleifpapier locker halten und dabei auf der ganzen Länge glätten. Arbeitshandschuhe tragen, denn bei etwas zu viel Druck oder zu schneller Drehzahl wird der Rundstab schnell heiß.

Ein biegsamer, etwa 2 mm dicker Furnierplattenstreifen ist ein geeignetes Kurvenlineal. Kleine Schraubzwingen zum Festspannen und als Fixpunkte eingeschlagene Stifte sind geeignete Hilfen, um die gewünschte Form festzulegen.

Exaktes Modell für gleichartige Bauteile

Nun schneiden Sie die Form mit der Stichsäge mit etwa 1 mm Zugabe aus. Die

Kantenbearbeitung mit Feile und Sandplateschleifer ist reine Handarbeit. Teilweise lassen sich die Konturen auch am aufgespannten Bandschleifer bearbeiten. Eine Pappschablone wäre für diesen Zweck zu ungenau, weil eine genaue Nachbearbeitung nicht möglich ist. Die Schablone aus Sperrholz kann man mit maßgerechten Bohrungen auch gleich als Bohrschablone verwenden. Dazu die Schablone auf dem Werkstück festspannen und die Maschine erst einschalten, wenn der Bohrer bereits in der Musterbohrung steckt.

Die vier Beine nach der Schablone anzeichnen und bedächtig mit der Stichsäge ausschneiden. Jede Unregelmäßigkeit erhöht den Aufwand der Nachbearbeitung. Damit alle Beine genau die gleiche Form erhalten, heftet man sie mit zwei Leimpunkten (auf dickem, unbedrucktem Papier als Zwischenlage) zusammen und bearbeitet alle Teile gleichzeitig. Durch die Papierstreifen lassen sich die Teile leichter trennen. Leimreste beim Flächenschliff entfernen.

Elektrowerkzeug für gerundete Kanten

Bei der gemeinsamen Bearbeitung der Beine häufig kontrollieren, ob der rechte Winkel zur Fläche eingehalten wird. Voraussetzung für ebene und glatte, an der Oberfräse abgerundete Kanten sind fehlerfreie Kantenflächen. Anlaufzapfen oder Anlaufringe auf dem Tisch übertragen sonst die Fehler auf das Kantenprofil. Lange Bögen, wie am Kopfstück der Rückenlehne, bearbeitet man deshalb besser mit dem Handhobel. Die Kanten an den unteren Enden der Beine abschrägen, um sie vor Beschädigungen zu bewahren.

Auch die Kanten der anderen Bauteile entsprechend der Schnittzeichnung abrunden und anschließend mit Dübeln zusammenfügen. Entweder die Sperrholzschablone passgenau auf die Stirnflächen schrauben und als Bohrschablone verwenden oder mit speziellen Dübellocheinsätzen mit Spitzen den Bohrlochmittelpunkt im gegenüberliegenden Bauteil markieren. Flächen zunächst mit Körnung 80 oder 100 vorschleifen und auf Nadelholz mit Körnung 120 vollenden. Schwing-, Exzenter- oder Bandschleifer sind dafür geeignete Elektrowerkzeuge. Die profilierten Kanten bleiben der feinfühligen Bearbeitung per Hand vorbehalten.

Handwerkliche Holzverbindung

Zur Überblattung der Kreuzsprossen die Einzelteile passgerecht aufeinander spannen. Der spitze Winkel zwischen den Sprossen beträgt 45 Grad. Markierungen, mit einer scharfen Messerklinge werden sie besonders genau, bezeichnen die Einschnitte für die Aussparungen.

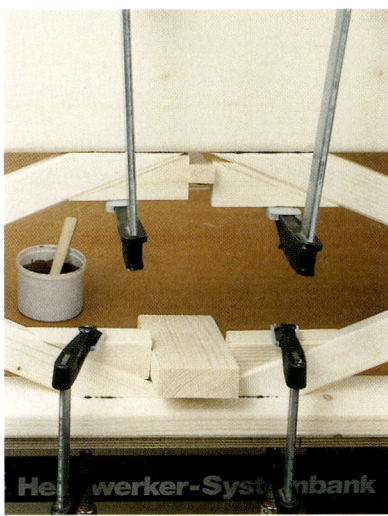

Gefaltetes Schleifpapier fixiert die Ausgleichszulagen.

Entweder mit der Feinsäge einschneiden und den Zwischenraum mit dem Stecheisen freilegen oder Schnitt an Schnitt auf der Tischkreissäge aussägen. Schneiden Sie erst das verleimte Sprossenkreuz auf die Gesamtbreite von 200 mm zu und runden Sie anschließend die langen Kanten ab.

Vor dem Verleimen alle Bauteile noch einmal probeweise zusammenstecken, um die Passgenauigkeit und die Dübellängen zu überprüfen. Zur Verbindung verwenden Sie am besten wasserfesten Holzleim. Zum Spannen der Kreuzsprossen mit Schraubzwingen sollten entsprechend geformte Schonzulagen die Winkel ausgleichen.

Für die Oberfläche Lack oder Lasuren

Damit man bei der Oberflächenbehandlung (auch bei Renovierungsanstrichen) alle Kanten der Sitzleisten gut erreichen kann, werden die mittleren vier Leisten nur mit Schrauben auf dem Sitzrahmen befestigt. Eine perfekte Oberfläche können Sie, allerdings mit einigem Aufwand, durch mehrfach gespritzte Lackaufträge erreichen. Der zum Spritzen notwendige, sorgfältig vorbereitete Untergrund lässt sich jedoch auch mit dem Pinsel solide lackieren. Acryl-Fensterlack ist für diese Art Gartenmöbel der geeignete Anstrich.

Erst die Bohrung für den Schraubenkopf, dann die für den Schaft herstellen.

Schraubenlöcher in den Sitzleisten vorbohren und den Platz der Leisten kennzeichnen.

Plastikfolie als Vorhang kann eine Spritzkabine improvisieren.

Gartentisch

Ob fürs Sonntagsfrühstück oder die Lesestunde, ob Sonnen- oder Schattenplatz, ein Gartentisch ist hierfür das optimale Zubehör. Hier findet alles Platz, egal ob man eine Mußestunde genießen möchte oder die Kaffeetafel für eine fröhliche Runde gedeckt ist. Fest im Boden verankert, aber dennoch leicht abzubauen, kann ein solcher pflegeleichter, kippbarer Tisch zu allen Jahreszeiten an seinem Standort verbleiben.

AUF EINEN BLICK!

Material

Materialliste für einen Tisch 900 mm Ø, 700 mm hoch aus kesseldruckimprägniertem Gartenholz »Kiefer« (s. S. 48).

Pos.	Bauteil	Maße in mm	Anzahl
1	Platte mittig	900 x 22 x 145	2 Stück
2	Platte seitlich	1680 x 22 x 145	1 Stück
3	Platte außen	1230 x 22 x 145	1 Stück
4	Träger	1560 x 22 x 145	1 Stück
5	Verbindungsleiste	1690 x 22 x 44	1 Stück
6	Verbinder	90 x 22 x 44	4 Stück
7	Pfosten	650 x 90 x 90	1 Stück

Zubehör

Einschlaganker, 2 Maschinenschrauben M10 x 150, 2 Maschinenschrauben M10 x 110, Nietscheiben, 8 Senkkopf-Holzschrauben rostfrei 5,0 x 50, Muttern, 24 Senkkopf-Holzschrauben rostfrei 5,0 x 40, Epoxidharzkleber

Werkzeuge

Fuchsschwanz, Elektrostichsäge, Schraubzwingen, Bohrschrauber, Schleifwerkzeug, Zurrgurt, Granitblock, Wasserwaage, Gabelschlüssel

Handliche Einzelteile lassen sich besser über den Bandschleifer bewegen als umgekehrt.

Anschließend die Platte insgesamt kreisrund beschneiden.

Verbindungsleisten zunächst nur mit wenigen Schrauben fixieren.

Bei senkrecht geschwenkter Platte hält sich die Verschmutzung in Grenzen.

So mancher angenehme Aufenthalt im Garten unterbleibt, weil man erst die Gartenmöbel bereitstellen muss. Möbel, die zumindest in der warmen Jahreszeit ständig draußen bleiben dürfen, gibt es nicht so häufig. Nur den Dreck aus der Luft und den Vogelschmutz müssen Sie dann ab und zu mit dem Hochdruckreiniger entfernen. Die geriffelte Oberfläche der Tischplatte ist zwar etwas rau, aber mit einer Unterdecke wird sie trotzdem auch zur feinen Kaffeetafel.

Preiswerter Materialeinkauf

Damit Sie das eingekaufte Material optimal verarbeiten können, sind bei diesem Vorschlag die Einzelzuschnitte aufgezeichnet. Damit besteht der gesamte Holzeinkauf aus 2 Brettern 22 x 145 mm, 3,3 m lang, einem Zaunpfosten 90 x 90 mm, 850 mm lang und einer Leiste 28 x 45 mm, 2,1 m lang. Einschließlich Zubehör

Epoxidharzkleber und rostfreie Holz-schrauben zum Verbinden.

hält sich der Aufwand auf diese Weise in Grenzen.

Nach dem Zuschnitt der Plattenteile (1 bis 3) werden die 5 mm dicken Abstand-klötzchen aneinander gelegt und mit einem Zurrgurt oder einer Schraubzwinge zusammengespannt. Fügen Sie ein Klötzchen im Mittelpunkt der Platte für die Zentrierschraube der Stichsäge-führung ein. Legen Sie die Verbindungs-leisten auf, zeichnen Sie die Schraub-löcher an und bohren Sie vor. Fixieren Sie die Leisten zunächst nur mit wenigen Schrauben auf den Einzelbrettern.

Werkzeugeinsatz erweitern

Die Elektrostichsäge können Sie zum kreisrunden Beschneiden der Platte mit einem passenden Aluprofil (gleicher Querschnitt wie die Schiene der Zirkel-führung) an Ihrer Säge aufrüsten. Auch den Abstand zwischen Schiene und Zen-trierdorn sollten Sie übernehmen.

Nach dem Kreisschnitt wird die Platte wieder zerlegt, um die Kanten an den Einzelteilen leichter bearbeiten zu kön-nen. Glätten Sie die Kanten entweder manuell mit Raspeln, Feilen, Schleifpapier oder Sandplateschleifer, oder bequemer und kräfteschonender mit einem elektri-schen Bandschleifer. Runden Sie die Bogenkanten passend zu den Längskan-ten ab, indem Sie sie erst deutlich anfasen (45 Grad), anschließend die neuen Eck-kanten bei (22 Grad) anschleifen und dann die Rundung vollenden. Glätten Sie – falls notwendig – die Rundung noch per Hand mit Schleifpapier.

Die Verbindung zwischen Platte und Träger muss allen Belastungen standhalten.

Bohrungen auf den Pfosten übertragen.

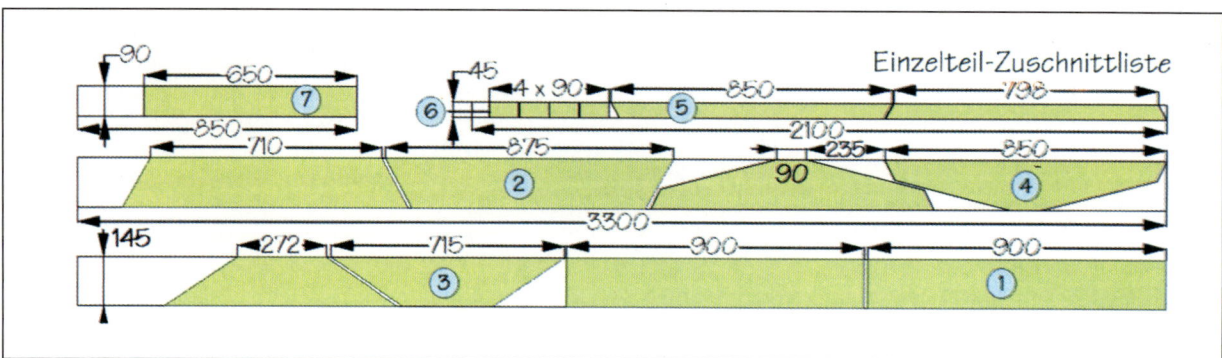

Der richtige Zuschnitt für den Gartentisch spart Material.

Stabile Holzverbindungen herstellen

Bereiten Sie nun den doppelten Plattenträger für den Zusammenbau vor. Führen Sie den Zuschnitt, die Kantenbearbeitung und vor allem die Bohrungen für die Maschinenschrauben an den zusammengespannten Teilen gemeinsam aus. Denn diese Löcher müssen präzise übereinstimmen. Spannen Sie die Querstücke auf dem Arbeitstisch ein, kleben Sie sie besonders sorgfältig zwischen die Träger und verschrauben Sie sie. Diese Bauteile müssen alle Belastungen auf den Pfosten übertragen, weshalb sie auch mit reichlich Epoxidharzkleber und Holzschrauben aus rostfreiem Edelstahl zusammengefügt werden müssen. Diese Verarbeitung trägt zur Witterungsbeständigkeit bei.

Säule für die Platte

Am Pfosten wird der fertig montierte Träger exakt winkelrecht ausgerichtet festgespannt, um die Bohrungen für die durchgehenden   Maschinenschrauben von beiden Seiten aus auf den Pfosten zu übertragen. Mit einem mindenstens 150 mm langen Spiral- oder Schneckenbohrer ist das auch in einem Arbeitsgang möglich. Den Pfosten erst auf die endgültige Länge kürzen, wenn der Anker eingerammt ist. Für den Einschlaganker erst eine kleine Öffnung im Boden ausstechen. Zum Einrammen eignet sich ein Granit- oder Betonsteinblock besser als ein Vorschlaghammer. Auf jeden Fall einen Anker mit verstellbarer Pfostenhülse verwenden. Man weiß ja nie, ob die Spitze nicht abgelenkt wird. Denn die Tischplatte sollte schon in allen Richtungen waagerecht stehen.

Den Pfosten soweit kürzen, dass die Tischfläche 700 mm hoch wird.

Zum Einregulieren der Hülse vorläufig nur den Pfosten montieren.

Schlageinsatz in der Pfostenhülse verwenden. Schlagspuren auf dem Eisen zerstören die Schutzschicht gegen Korrosion.

Pergola bauen

Das schönste Gestaltungsmaterial im Garten ist – ganz ohne Frage – die lebende Pflanzenwelt. Eine Pergola mit Kletterpflanzen berankt hinter dem Haus, an einer Garage oder einem Gartenhäuschen gesetzt, bietet immer eine schattiges, lauschiges Plätzchen, an dem Sie entspannen und die Natur genießen können.

Pergolen gibt es in unterschiedlichen Variationen als Bausätze. Sie können sie auch aus Einzelteilen, die in Baumärkten erhältlich sind, selbst planen und zusammenbauen (kaufen Sie nur druckimprägniertes oder anderes hochwertiges Material). Die Pfosten wählt man 7 x 7 cm, die Sattelbalken und Sparren für das Gerüst der Pergola 4,5 x 7 cm. Verwenden Sie verzinkte Beschläge, eventuell noch Pfostenanker.

Pfosten brauchen sicheren Halt

Heben Sie das Erdloch für die Pfosten etwa 20 cm tiefer aus als nötig. Als Faustregel gilt: Wenn Sie die Pfosten eingraben, sollte die Einbautiefe ein Viertel bis ein Drittel der Gesamtlänge des Pfostens betragen. Füllen Sie zuerst Kies in die kleine Grube, und zwar bis zur passenden Eingrabtiefe, das sorgt

Profitipp

Auch wenn die meisten Bauanleitungen für Pergolen und sogar für Carports das Eingraben der Pfosten empfehlen, ist es doch ratsam, den direkten Erdkontakt zu vermeiden. Der höhere Aufwand (auch finanziell) durch den Einsatz von Einschlaghülsen, Betonankern oder Pfostenankern zum Aufdübeln macht sich durch eine höhere Lebensdauer der Anlage bezahlt.

für einen effektiven Wasserablauf. Nachdem Sie den Pfosten gesetzt haben, müssen Sie ihn genau senkrecht ausrichten und mit Hilfslatten fixieren. Nun kann das Loch mit Mutterboden aufgefüllt und festgestampft werden. Pfostenanker zum Einschlagen bieten die schnellste Art, einen Pfosten zu setzen. Dadurch kommt der Pfosten nicht mit dem Erdreich in Berührung, was durchaus für höhere Haltbarkeit sorgt. Für diese Anker gibt es ein spezielles Einschlagwerkzeug aus Kunststoff. So können Sie sicher sein, dass der Anker durch die Schläge nicht beschädigt wird. Sie können aber auch Kantholzabschnitte verwenden. Bei weichen Böden ohne viele Steine sind die Anker mit einem schweren Hammer schnell und problemlos in das Erdreich getrieben. Bei aufwändigen Einschlagankern ist eine nachträgliche Korrektur des Pfostens durch eine bewegliche Hülse möglich. Mit H-Pfostenanker zum Einbetonieren können Sie einen Pfosten am stabilsten aufstellen. Dazu heben Sie die Löcher etwa 80 cm tief und 30 cm im Querschnitt aus.

Zusätzliche Stabilität, gerade bei weichen, humosen Böden erreichen Sie, wenn Sie zuerst einen Betonfundamentstein setzen. Der Pfostenanker wird nicht direkt in der Erde, sondern innerhalb des Steins einbetoniert, was eine größere Grundfläche und dadurch mehr Stabilität mit sich bringt. Alternativ können Sie auch Fertigfundamente für die Pfostenanker einsetzen und mit Sand und Kies im Boden fest verkeilen.

Die Pfostenanker müssen Sie mit der Wasserwaage genau ausrichten und mit Blitzzement in die Fundamente einzementieren. Lassen Sie die durchlaufende Wasserwaage dann solange liegen, bis der Zement richtig ausgehärtet ist.

Praxistipp

Ist der Pfosten in Kontakt mit feuchter Erde, befestigen Sie im Bereich der Grasnarbe mit dem Tacker einen Streifen Teichfolie. Das schützt das Holz zusätzlich vor Feuchtigkeit.

Sicherheitstipp

Verwenden Sie ausschließlich verzinkte Stiftnägel und Schrauben, damit nichts rosten kann. Alle sichtbaren Drahtstifte sollten Sie möglichst tief in das Holz versenken. Zur Sicherheit sollten alle Kanten mit einem Schwingschleifer gefast werden.

Schrauben anbringen

Fixieren Sie zuerst die Pfosten mit den H-Pfostenankern mit einer Schraubzwinge in senkrechter Position und bohren Sie die Schraublöcher vor. Dann drehen Sie entweder Holzschrauben mit Sechskantkopf ein oder – die stabilere Version – stecken Sie Schlossschrauben durch und befestigen Sie sie auf der anderen Seite mit einer Unterlagscheibe und einer Mutter. Eine Ratsche mit Stecknuss bringt die entsprechende Anzugskraft. Ein schmales Brett oder eine Leiste von etwa 1 cm Stärke schafft den notwendigen Abstand zwischen dem Metall des Stützenschuhs und dem Holz des Pfostens. Nach dem Verschrauben von Pfosten und Pfostenanker lässt sich der Abstandhalter ganz leicht herausziehen.

Mit Dachlatten und anderen Holzresten werden nun die einzelnen Pfosten provisorisch fixiert und auf die genauen Abstände gebracht. Sollen später Rankgitter oder Sichtblenden eingesetzt werden, müssen Sie deren Maße unbedingt berücksichtigen, denn spätere Korrekturen sind nicht mehr möglich. Faustregel: Abstand zwischen den Balken = Breite des Elements + 2 bis 3 cm auf jeder Seite. Bei einem 1,80 m breiten Rankelement sollte der Pfostenabstand von Innenseite zu Innenseite also 1,84 bis 1,86 m betragen.

Aufstellen, fixieren, korrigieren, kontrollieren – dann erst betonieren

Nun geht es daran das Fundament zu betonieren. Dazu nehmen Sie am besten Fertigzement, den man als 40-Kilo-Gebinde im Baumarkt kaufen

Sorgen Sie für eine gute Drainage.

Gerade bei weichem Boden müssen Sie für zusätzliche Stabilität sorgen.

kann. Pro Fundament brauchen Sie etwa einen Sack, den Sie nach Anleitung erdfeucht anmischen. Nur bei größeren Mengen empfiehlt es sich aus Kostengründen, den Beton selbst anzumischen.

Geht die Pergola von der Hauswand aus, wird der Pfosten direkt mit Dübeln an der Wand verschraubt. Voraussetzung ist allerdings, dass die Wand auch lotrecht ist. Ansonsten müssen Sie durch Unterlegen von Abstandhaltern oder kleinen Keilen dafür sorgen, dass der Anfangspfosten »im Lot« steht.

Stehen die senkrechten Pfosten, legen Sie den oder die Sattelbalken auf. Hier sollten Sie aus Sicherheitsgründen nicht alleine arbeiten und die lose liegenden Balken sofort mit Zwingen fixieren. Beachten Sie, dass die Pfosten und Sattelbalken passgenau zusammengefügt

Eine Schraubzwinge fixiert Pfosten und Anker.

Der Abstandhalter lässt sich – notfalls mit einem Hammerschlag – leicht herausziehen.

Die einzelnen Pfosten nun provisorisch mit Holzresten fixieren.

Die lose liegenden Balken sofort mit Zwingen fixieren.

In vorgebohrte Löcher die Spaxschrauben versenken.

Überprüfen Sie die Ausrichtung der Sparren, ehe sie auf die Sattelbalken aufgesetzt werden.

werden müssen, bevor sie miteinander verschraubt werden. Fixieren Sie die Bauteile mit Schraubzwingen. Um das Holz zu schützen, können Sie immer Reststücke aus Abfallholz unterlegen.

Kontrollieren Sie lieber die Teile noch einmal mit der Wasserwaage. Dann setzen Sie von oben dünne, lange Spaxschrauben. Sie sollten vorbohren und das Bohrloch leicht ansenken, damit sich der Schraubenkopf plan eindrehen lässt. Zum Anschrauben der stabilisierenden Streben verwenden Sie ebenfalls Spaxschrauben, die einen stärkeren Durchmesser haben sollten. Falls Sie

alleine arbeiten, müssen Sie die Streben mit Zwingen in der richtigen Position festspannen.

Die Sparren müssen Sie, falls dies werkseitig noch nicht geschehen ist, vorher an den Schmalseiten ausklinken, ehe sie auf die Sattelbalken aufgesetzt werden. Dazu tragen Sie etwa ein Drittel der Materialstärke ab, damit eine sichere Holzverbindung entsteht. Die Sparren werden dann exakt und in gleichmäßigen Abständen ausgerichtet. Der Standardabstand beträgt 60 cm. Auch die Sparren werden mit je einer schlanken Spaxschraube befestigt.

Profitipp

Achten Sie beim Kauf von Bausätzen darauf, dass die Kopfenden der Pfosten und auch die Sparren bereits im Sägewerk ausgeklinkt wurden. Das vereinfacht die Befestigung und spart vor allem Zeit bei der Montage.

Praxistipp

Mit einer Kapp- und Gehrungssäge gelingt das Ablängen der Bauteile am genauesten. Die Drehscheibe der Säge lässt sich auf alle Gehrungswinkel einstellen. Allerdings ist die Schnitttiefe bei 90° bei den meisten Modellen auf maximal 66 mm beschränkt. Bei dickeren Balken müssen Sie also entweder auf eine Kreissäge oder auch auf eine Bandsäge ausweichen.

Nun montieren Sie die Rank- und Ziergitter. Spezialwinkel mit einer angesetzten Holzschraube verbinden Pfosten und die Rankelemente. Auch hier gilt wieder: Beschlag ausrichten, fixieren, kontrollieren, korrigieren – und erst dann bohren und festschrauben.

Spalier errichten

Vor mehr als hundert Jahren wurden bereits **Wände von Villen und Palästen** mit **Spaliergittern** verzaubert – mitunter so kunstvoll, dass sie gar nicht mehr mit **Pflanzen** berankt werden mussten. **„Kahle" Hauswände** und auch **Balkone** lassen sich durch **Spaliere** verschönern. **Kletterpflanzen** setzen durch Blüten und Blätter farbige Akzente und sorgen zusätzlich für ein **angenehmes Klima** im Haus.

Generell gilt, dass Spaliere aus Holz, Metall oder Kunststoff sowie gespannte Spalierdrähte mit Dübeln an Mauern beziehungsweise mit kräftigen Holzschrauben an Pfosten befestigt werden sollten. Bei frei stehenden Gerüsten ist unbedingt darauf zu achten, dass die Stangen stabil genug sind und sich gegenseitig abstützen.

Bei allen Spalieren ist eine gute Verankerung wichtig, denn nach Regenfällen wiegt die Pflanzenmasse besonders schwer. Schon bei der Konstruktion der Spaliere sollten Sie den später gewünschten Wuchs planen, da die Spalierform den Wuchs der Pflanze vorgibt. Wenn die Latten beispielsweise waagrecht angeordnet sind, entwickeln sich die Zweige waagrecht. Ein fächerförmiges Spalier dagegen lässt die Pflanze ebenso fächerförmig nach oben wachsen.

Am besten in die Fugen bohren

Am einfachsten lassen sich Spaliere aus Holzleisten konstruieren. Nachdem Sie eine geeignete Stelle am Haus gefunden haben, montieren Sie zuerst eine senkrechte Leiste. Dabei wird das Loch direkt durch die Latten in die Wand gebohrt. Bei einer unverputzten Wand sollten Sie nur in Fugen bohren – so vermeiden Sie eine Beschädigung der Steine. Nun können Sie den Dübel mit der Schraube durch die Latte in die Mauer stecken und dann einschlagen oder eindrehen. Dies kann mit einem Schraubendreher, einer Ratsche mit Biteinsatz oder mit einem Akkubohrschrauber geschehen.

Für das Anschrauben von fest montierten Gittern eignen sich am besten so genannte Durchschlag- oder auch Nageldübel. Durch ihre besondere Form breiten sie sich im Hochlochziegel sicher aus. Für anderes Mauerwerk gibt es ebenfalls spezielle Dübel. Ziehen Sie jedoch die Schraube noch nicht ganz an, da die senkrechte Leiste noch exakt mit der Wasserwaage ausgerichtet werden muss.

Die zweite Bohrung

Ist die senkrechte Latte unten fixiert und ausgerichtet, können Sie etwa 1,5 m höher die zweite Bohrung anbringen. Auch hier wählen Sie am besten wieder eine Fuge zum Bohren. Befestigen Sie

genauso die zweite senkrechte Latte im gewünschten Abstand. Zeichnen Sie die Länge ein und sägen Sie das Material zu. Nun befestigen Sie, ebenfalls von unten nach oben, die einzelnen Querlatten. Um ein schönes Bild zu erreichen, richten Sie die Holzlatten an den Fugen aus.

Nun können Sie die Latten entweder festschrauben oder einfach zu Hammer und Nägeln greifen. Die Abstände links und rechts von den senkrechten Latten sollten gleich sein.

Alternativ können Sie ein fertiges Spaliergitter aus rostfreiem Metall oder Baustahlgewebe kaufen, das dann mit den mitgelieferten Abstandhaltern an der Wand befestigt wird. Auch hier sollten Sie bei Sichtmauerwerk für die Bohrungen wieder die Fugen zwischen den Ziegeln wählen, denn falls Sie das Spalier später einmal entfernen möchten oder müssen, lassen sich die Fugen relativ problemlos wieder ausfüllen, die Ziegel bleiben dagegen beschädigt.

Gehölze einpflanzen

Ist das Spalier montiert, werden die Gehölze eingepflanzt. Binden Sie die Seitentriebe an der untersten Etage an, den Leittrieb kürzen Sie knapp über der nächsten Ebene. Die Seitentriebe der Hauptarme werden im Sommer dann

Profitipp

Praktisch ist ein Pflanzkasten mit Holzspalier, wie es ihn in Bau- und Gartenfachmärkten zu kaufen gibt. Er ist schnell zusammengebaut und aufgestellt. Häufig sind die vier- oder sechseckigen Kästen bereits fertig montiert, es muss also nur noch das Spaliergitter aufgesetzt werden.

auf 3 bis 4 Blätter zurückgeschnitten und Konkurrenztriebe entfernt. Dadurch bildet sich Fruchtholz.

Grundsätzlich lassen sich alle Obstgehölze als Spalierpflanzen ziehen. Allerdings sollten Sie keine Arten wählen, die zu großen Kronen neigen, denn die entwickeln ausladende Äste. Kräftige Ranker sollten auch hinter dem Klettergerüst ihren Weg finden. Daher dürfen Sie in diesem Fall die Rankhilfen nicht direkt an die Wand dübeln, sondern müssen ausreichend Raum mittels Abstandhalter erzeugen. Dazu sind beispielsweise kleine Holz- oder Plexiglasklötze von 2 x 2 cm Fläche und etwa 1,5 bis 2 cm Stärke durchaus ausreichend. Alternativ können Sie statt Abstandshalter auch Spezialdübel einsetzen. Mit ihnen lässt sich der richtige Abstand zwischen Latten und Mauerwerk einstellen.

Je nach Spalierart ...

... wachsen die Zweige in die gewünschte Richtung.

Spaliere aus Holzleisten sind am einfachsten zu konstruieren.

Eine Ratsche mit Biteinsatz ermöglicht mehr Kraft durch Hebelwirkung.

Der Dübel wird durch die Latte gleich ins Mauerwerk gesteckt.

Montieren Sie zuerst die senkrechten, dann die waagerechten Leisten.

Ökotipp

Spalierbäume verleihen Hauswänden ein ganz besonderes Gesicht. Mit kletternden Obstgehölzen, etwa Weinreben oder Kiwis, bekommt die Fassade schnell ein grünes Kleid, das auch noch Früchte trägt. Sie verursachen in der Regel keine Schäden am Mauerwerk, da sie mit der Mauer nicht in Berührung kommen.

Die Bildsequenz zeigt die Reihenfolge der Montage. Zuerst wird vorgebohrt (a), dann wird der Dübel an der Latte befestigt, wobei die Kontermutter festgezogen wird (b), nun wird die Latte samt Dübel in die vorgebohrten Löcher geschoben (c). Sitzt die Latte an der richtigen Stelle, werden die zugehörigen Schrauben durch den Dübel bis ins Mauerwerk geschraubt (d). Dort spreizt sich der Dübel und gibt der Konstruktion so festen Halt. In diesem Fall wurde die Leiste ohne Abstandhalter befestigt. Mit kletternden Obstgehölzen, etwa Weinreben oder Kiwis, bekommt die Fassade schnell ein grünes Kleid, das auch Früchte trägt. Sie verursachen in der Regel keine Schäden an Mauerwerk, da sie mit der Mauer nicht in Brührung kommen.
Auch lassen sich mit Spalieren ornamentale Muster an Wänden herstellen.

Die Länge der Querlatten ermitteln Sie vor Ort.

Durch geschickten Einsatz können Sie die Fassade vertikal oder horizontal gliedern, was gleichzeitig einer besseren Proportionierung der Fassade dient. Sie können durchaus das Gesamtbild einer Fassade verändern, indem Fenster und Türen in die Ornamentik des Spaliers eingegliedert werden. Eine geschickte Bepflanzung unterstützt diesen gewünschten Effekt.

(a)

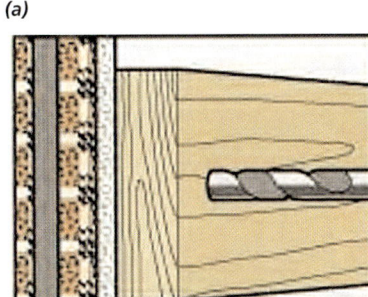

(b)

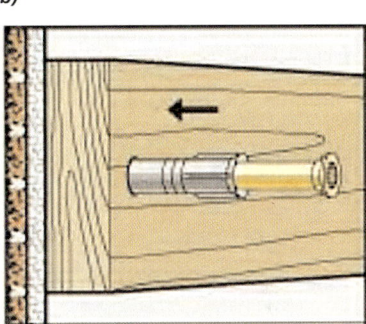

(c)

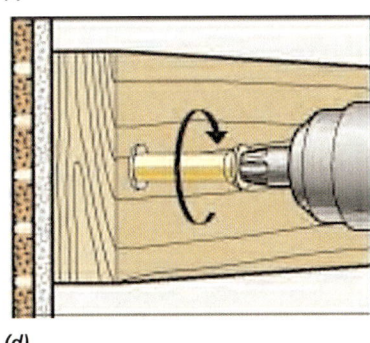

(d)

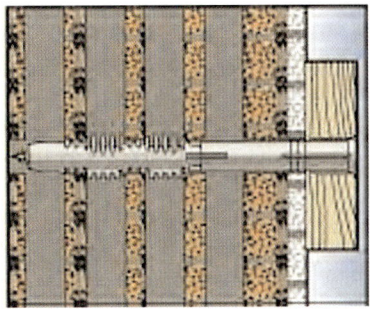

Der Weg ist das Ziel

Wege und Zäune prägen das äußere Erscheinungsbild eines Hauses entscheidend. Vom begrünbaren Drahtzaun bis hin zur Natursteinmauer, als optische Abgrenzung Ihres Gartens – wichtig ist in jedem Fall eine harmonische Gestaltung im Einklang mit der Natur.

Drahtzäune aufstellen

Eine zweckmäßige, preiswerte Lösung für die Einfriedung von Grundstücken sind Zäune aus Draht. Markenqualität bleibt bei fachgerechtem Aufbau auch nach Jahrzehnten ansehnlich. Begrünt bieten sie zudem Schutz vor neugierigen Blicken.

Zäune sind unentbehrlich, wo es gilt, eine deutliche Abgrenzung zu öffentlichen Flächen zu schaffen, oder um unerwünschte Besucher, seien es Menschen oder Tiere, auszugrenzen. Bei kleinen Grundstücken können sie aber auch das Gefühl räumlicher Enge vermitteln.

Wo Zäune jedoch zur Einfriedung notwendig sind, erfüllen sie ihren Zweck am besten, wenn Sie beim Errichten ein paar Grundregeln beachten. Im Normalfall sollten Zäune lot- und waagerecht auf dem Gelände stehen. Mancherorts ist nur eine bestimmte Höhe erlaubt.

Gelände auffüllen oder Abtragen

Im Einzelfall bleibt oft nichts anderes übrig, als das Gelände dem Zaun anzupassen, d. h. den Boden zu ebnen. Oder man verwendet Zaunsysteme, die sich, allerdings nur bedingt, auch geringen Steigungen anpassen. In der Regel sind dies Zaunelemente, die stufenförmig zwischen den Pfählen hängen, oder geringfügig verschobene Lattenzäune.

Auch geschweißte Gitterbahnen lassen sich noch an lotrechten Pfählen befestigen. Im Sonderfall, z. B. an steilen Hän-

AUF EINEN BLICK!

Material
Maschendraht oder Schweißgitter,
Stützpfahlgelenke, Rohrschellen,
Betonmischung, Zementmischung
(Betonsockel)
Genauere Angaben entnehmen
Sie bitte dem Kasten »Drahtzäune
und Gitterzäune« (s. S. 63).

Werkzeuge
Glättkelle, Grabwerkzeuge, Kombizange, Maulschlüssel, Maurerkelle, Schraubzwinge, Seitenschneider, Wasserwaage mit
Anschlägen

gen, lassen sich die Pfähle zwar im rechten Winkel zur Steigung aufstellen, die
Anschlüsse an den Ecken und zur Waagerechten sind dabei aber nur mit kom-
plizierten Lösungen möglich.

Kantensteine als Einfassung

Geringe Unebenheiten oder Niveauun-
terschiede zum anschließenden Gelände
kann man auch mit senkrecht eingebauten Kantensteinen (50 x 20 cm) oder
größeren Gehwegplatten (50 x 50 cm)

gestalten. Damit lassen sich auch der
Abstand zwischen Zaununterkante und
Bodenfläche schließen oder Beetflächen
am Zaun einfassen.

Auf eine waagerechte Kante oder Ebene
von Eckpfahl zu Eckpfahl kann man im
Normalfall also nicht verzichten. Die Fixpunkte für die Waagerechte kennzeich-
net man in der Höhe von etwa einem
Meter an Latten, die knapp neben der
späteren Pfahlposition in die Erde
gerammt werden. Mit der Schlauchwaage oder einem Lasernivelliergerät werden
diese Markierungen festgelegt. Eine straff
gespannte, elastische Maurerkordel als
Richtschnur zeigt dann die Waagerechte
und auch die Richtung für die Zaunpfosten an.

Zaunpfähle in gleichen Abständen errichten

Für Zäune aus Drahtgeflecht soll der
Abstand zwischen den Pfählen 3 m nicht
überschreiten. Gleichmäßige Abstände
lassen sich mit Klebeband an der Richtschnur markieren. Eckpfähle erhalten
nach beiden Zaunrichtungen je einen
Stützpfahl als Strebe. Ist der Abstand zwischen den Eckpfählen sehr weit, bauen
Sie alle 50 m einen Zwischenpfahl ein,

*Eckpfahl mit Streben vor dem Einzemen-
tieren senkrecht ausrichten und fixieren.*

der nach beiden Seiten abgestützt ist.
Für einen bis zu 1 m hohen Zaun sollten
die Fundamentgruben mindestens 40 cm
tief werden, bis zu 1,5 m Höhe 50 cm
und darüber 60 cm tief.

Methoden, eine Grube auszuheben

Einzelne enge und tiefe Gruben lassen
sich mit dem Blumenzwiebelpflanzer aus-

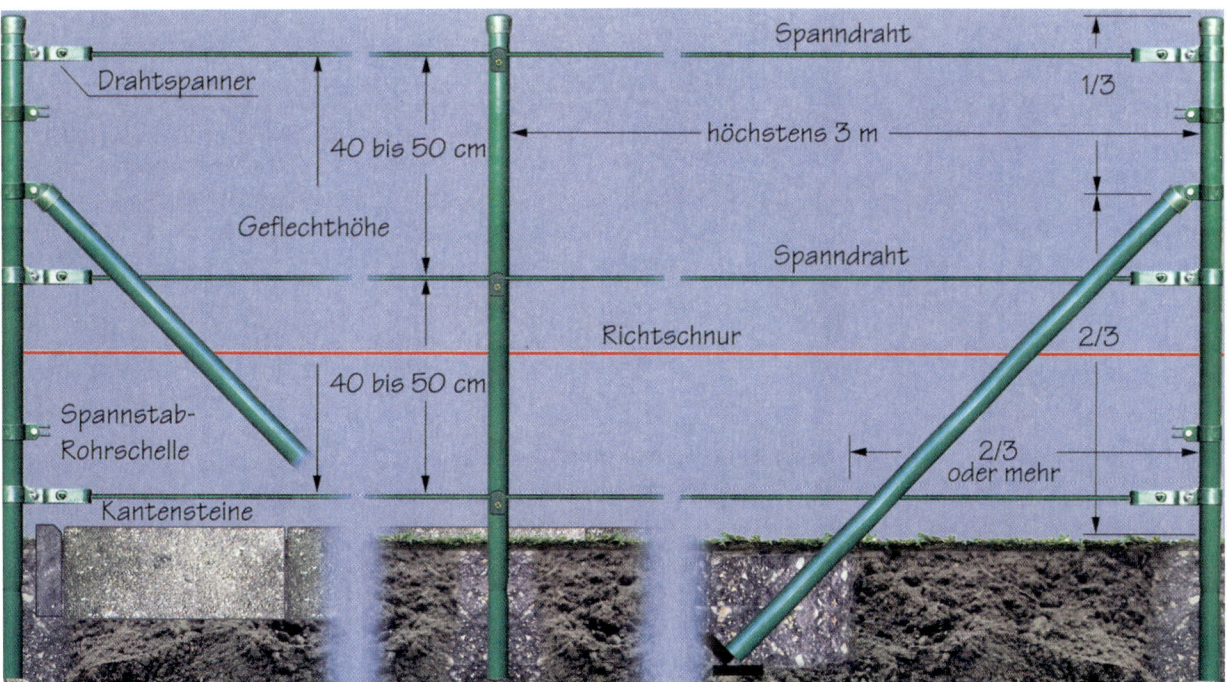

Das Gerüst für einen Maschendrahtzaun mit einbetonierten Pfählen, den Grundmaßen und dem wichtigsten Zubehör.

Streben müssen sich in der Fundament-
grube zuverlässig abstützen können.

Beton gut anfeuchten, damit der Schnellzement zuverlässig abbindet.

Mit passendem Maulschlüssel arbeitet es
sich besser als mit billigem Blechwerkzeug.

heben. Legen Sie störendes Wurzelwerk frei, und trennen Sie es mit der Astschere. Für eine größere Anzahl von Gruben sollten Sie sich jedoch besser einen Handbagger oder gar einen Hand- oder Motor-Erdbohrer ausleihen. Die Streben müssen den größten Teil der Spannung in den Spanndrähten auffangen. Sie finden im Erdreich nur auf eingebauten Steinen (Mauersteine, Betonpflaster, Klinkerplatten) festen Halt. Diese Streben müssen mindestens genauso lang sein wie die senkrechten Pfähle, damit man sie nach den Angaben in der Zeichnung einbauen kann.

Eckpfähle und Streben sollten Sie in den Fundamentgruben zunächst nur aufstellen, korrekt ausrichten und mit Steinen in der Grube oder einer Verspannung zum Boden fixieren. Eine Wasserwaage mit Haftmagneten (falls die Pfähle aus Stahl oder stahlarmiert sind) oder mit selbstmontierten Anschlägen ist dabei hilfreich. Anschließend füllen Sie die Gruben mit Beton. Stützpfähle (Streben) lassen sich übrigens einfacher einbetonieren, als mit anderen Möglichkeiten im Erdboden verankern.

Zubehör weitgehend vormontieren

Herkömmliches Viereckgeflecht wird an Spanndrähten, die von Eckpfahl zu Eckpfahl reichen, aufgehängt und befestigt. Die Drähte kann man zwar am Zaunanfang mit einer Schlinge befestigen. Wenn Sie zur Befestigung jedoch generell Drahtspanner vorsehen, steht mehr Spannweg zur Verfügung.

An den Pfählen von Markensystemen sind bereits Drahthalter montiert. Diese werden an den Zaunecken durch Rohrschellen für die Drahtspanner ersetzt. Zusätzlich sind Rohrschellen für die Spannstäbe und die Halter für die Streben zu montieren. Schieben Sie diese Schellen, schon vor dem Aufstellen und möglichst in der richtigen Reihenfolge, auf das Rohr, sonst muss man später die Schellen zur Montage aufbiegen.

Spanndrähte tragen das Geflecht

Den Anfang vom Spanndraht führen Sie knapp in die Wickelwelle vom Drahtspanner ein und verankern ihn mit einer Umdrehung der Welle. Am anderen Ende ziehen Sie den gut bemessenen Draht durch die Wickelwelle. Zunächst mit der Hand spannen, mit einer knappen Umdrehung fixieren und dann knapp an der Welle abschneiden. Gleich anschließend die Welle noch etwas weiter drehen, um den Draht zu verankern.
Beim Spannen beginnt man am untersten Draht. Die Spannung nur soweit erhöhen, bis der oberste Draht eine annähernd gerade Linie bildet. Das Geflecht erhöht mit seinem Gewicht noch dessen Spannung, denn es wird mit seinen Drahtenden auf diesen Spanndraht gehängt.

Hilfsmittel erleichtern die Handarbeit

Dort wird der Spannstab eingeschoben, und das Geflecht weiter gespannt, bis der Stab in die Befestigungsschelle reicht. Das geht mit kräftigen Händen in Arbeitshandschuhen oder mit einer Schraubzwinge, wenn der bewegliche Teller an der Spindel nicht auf dem Rohr, sondern auf einem eingekerbten Klotz als Unterla-

Praxistipp

Wasserwaage mit Anschlägen: Normale Wasserwaagen lassen sich mehr schlecht als korrekt an einen dünnen Zaunpfahl anlegen. Befestigt man mit Blechschrauben an den Enden der Waage kleine Sperrholzstücke als Anschlag, lässt sie sich dagegen rundum sicher anlegen. Für dicke Pfähle erfüllt ein größeres Aluminium-Winkelprofil, mit Doppelklebeband befestigt, den gleichen Zweck. Will man die Wasserwaage auf einer Fläche benutzen, werden die Anschläge einfach weggedreht oder abgenommen.

Anfangspfahl mit noch lockerem Maschengeflecht auf schwach gespanntem Draht.

ge liegen kann. So lässt sich der Spannstab stufenweise an den Pfahl heranziehen. Mit einem verdrillten Drahtende die einzelnen Abschnitte festhalten, damit sich das Geflecht nicht mehr zurückziehen kann.

Geflecht befestigen

Zum Abschluss befestigt man einzelne Maschen, in kurzen Abständen und möglichst an den Kreuzungen, noch mit Drahtringen oder Drahtschlingen an den mittleren und unteren Spanndrähten. Die offenen Ringe, mit der Rundzange aus Bindedraht gebogen, bzw. die fertigen Clipse schließen Sie mit einer Kombizange über den Drähten.

Für die Schlingen genügen etwa 10 cm lange Enden von dünnem, 1,2 mm starkem Wickeldraht. Ein Ende wird abge-

winkelt und liegt parallel auf dem Spanndraht. Das anderen Ende schlingt man in 3 bis 4 Windungen fest um Spann- und Maschendraht und schneidet die überstehenden Enden ab.

Geflecht erst am fertigen Gerüst anbringen

Dazu die Maschen an der Oberkante aufhaken und über dem Draht wieder verbinden. Zu Beginn erst nur an einigen Maschenecken, bis der erste Spannstab durch alle Geflechtmaschen geschoben und befestigt ist. Jetzt kann das Geflecht weiter abgerollt und gleichzeitig auf den Spanndraht gehängt werden. Beim nächsten Eck- oder Endpfahl das Geflecht soweit wie möglich mit der Hand spannen und vorübergehend mit Drahtenden anbinden.

Anschließend kann man das Geflecht von Pfahl zu Pfahl nachspannen, vorübergehend locker mit Wickeldraht fixieren und die restlichen Maschenecken aufhängen. Am Ende der Bahn suchen Sie sich die Maschenreihe aus, die noch etwas Abstand zum Pfahl hat.

Zaunpfähle setzen

Besonders für die Pfähle von Drahtzäunen gilt die Regel: Der Zaun kann nicht mehr halten als die Verankerung im Erdreich. Stellen Sie hohe Ansprüche an die Standfestigkeit der Anlage, sollten Sie die Pfähle einbetonieren. Dazu darf die Betonmischung nur erdfeucht sein, damit sie sich auch feststampfen (verdichten) lässt.

Hilfsmittel, um das Maschengeflecht möglichst stramm zu spannen.

Füllen Sie zunächst nur wenig Beton in die Gruben. Verdichtet sollen diese Füllungen so hoch werden, dass der Abstand zur Richtschnur gleich ist und sich die Pfähle darauf stellen lassen. Entweder man fixiert den Pfahl an Hilfslatten oder mit Spannseilen nach drei Seiten. Oder ein Helfer hält ihn beim Füllen der Grube nach der Schnur ausgerichtet im Lot. Eine Methode, die nur mit Übung zu einem perfekten Ergebnis führt. Mehr Einfluss auf die Genauigkeit erhalten Sie, wenn Sie zunächst nur ein 50 cm langes Kunststoffrohr mit 80 mm Durchmesser in der notwendigen Tiefe einbetonieren. Wenn das Betonfundament fertig, aber noch frisch ist, ziehen Sie es wieder heraus. Nach einigen Tagen, wenn der Beton hart ist, die Pfähle in den Öffnungen sorgfältig senkrecht und fluchtrecht ausrichten, mit Leisten oder Spannkordeln fixieren und

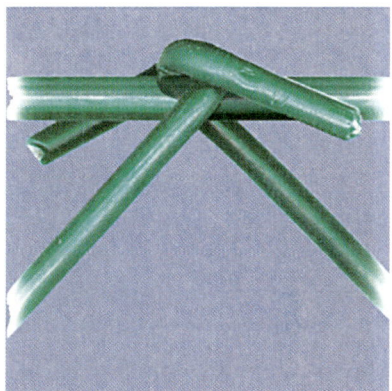

Alle Drahtenden der obersten Maschen auf den Spanndraht hängen.

Wenige Windungen mit Wickeldraht verbinden Maschen- und Spanndraht.

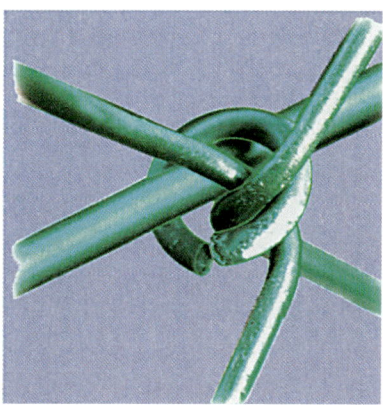

Möglichst die Maschenkreuzung am Spanndraht befestigen.

*Anker lassen sich mit der geschlossenen
Seite am schweren Stahlrohr an der entsprechenden Stelle einrammen.*

*Mit der Wucht des schweren Stahlrohrs
lassen sich die Kunststoffpfähle auch in
harten Boden rammen.*

einschließlich Sockel einfacher nach der
Fluchtlinie ausrichten. Beim Einfüllen und
Verdichten der Erde lässt sich durch feste-
res Stampfen die Senkrechte immer noch
etwas korrigieren.

Bequemer ist das Aufstellen im Einschlaganker. Das schwere, profilierte Stahlblatt
mit einer Muffe für 38 mm Pfähle wird
entsprechend der Richtschnur senkrecht
in den Boden getrieben. Die Fläche parallel zur Zaunrichtung. Anschließend den
Pfahl durch die Muffe ebenfalls in den
Boden rammen (Schutzkappe vorher
abnehmen). Für diese Methode muss der
Untergrund fest und frei von Wurzeln
und Steinen sein. Denn der Anker muss
auf Anhieb korrekt und an der richtigen
Position im Boden stecken. Korrekturen
sind nicht möglich ohne den Anker zu
lockern.

dann mit einer Schnellzementmischung
einzementieren. Je genauer Sie diese Öffnungen herstellen, desto größer sind die
verbleibenden Richttoleranzen. Den oberen Fundamentrand kann man mit Erde
abdecken und unter der Grünfläche verschwinden lassen. Stabiler wird das Fundament mit einem sichtbaren Kopf. Ein
abgeschnittener Pflanzencontainer aus
Plastik kann dafür eine perfekte Schalung
abgeben. Bei der Verwendung von Fer-
tigbetonsockeln erspart man sich das
Betonmischen für die senkrechten Pfähle.

Die vorhandene Öffnung ist in der Regel
etwa 20 cm tief mit einem Durchmesser
von 7,5 cm. Dadurch stehen die Pfähle
höher als erforderlich, wenn Sie den
Sockel nicht tiefer eingraben oder die
Pfähle kürzen. Man kann zwar auch die
Sockel einbauen und nachträglich die
Pfähle einzementieren, der umgekehrte
Weg ist jedoch sinnvoller.

Ist der Grubenboden waagerecht und im
richtigen Abstand zur Richtschnur, lassen
sich die zuvor einzementierten Pfähle

Moderne Zaunsysteme aus Draht bestehen aus ebenfalls aufgerolltem, ge-
schweißtem Gitter oder aus einzelnen
Gitterelementen mit hoher Stabilität. Je
nach System werden sie mit Clipsen oder
Klemmen an den unterschiedlich profilierten Pfählen befestigt. Die Fundamente dafür werden nach den gleichen
Methoden eingebaut wie beim herkömmlichen Maschendrahtzaun.

*Das herkömmliche Betonfundament mit
eingefasstem Kopf.*

*Fertigbetonsockel sind eine praktische
Alternative zu Betonfundamenten.*

*Einschlaganker für 38 mm Kunststoff/
Stahlpfähle aus schwerem Stahlblech.*

Vereinfachter Aufbau moderner Zaunsysteme

Da diese Systeme ohne die aufwendigen Spanndrähte auskommen, dürfen die Pfahlabstände nicht größer als 2 oder 2,5 m sein. Bei Zäunen aus Einzelelementen können die Streben entfallen, wenn die Pfähle entsprechend stabil im Boden ver-

ankert sind. Da bei einem Gitterzaun geringere Spannkräfte als bei Spanndrähten auftreten, eignen sich für alle Pfähle verzinkte Einschlaganker. Heimwerker haben in der Regel jedoch wenig Übung im Umgang mit einem schweren Vorschlaghammer, und selbst ein massiver Maurerfäustel ist für diesen Zweck noch zu zierlich.

Nach ein wenig Übung lassen sich die Befestigungsclipse zügig verarbeiten.

Drahtzäune und Gitterzäune

Ob Sie sich für einen Standard-Maschendrahtzaun oder für einen Gitterzaun entscheiden, im Folgenden erhalten Sie für beide Techniken alle nötigen Informationen.

Maschendrahtzaun

Technik:
Standard-Maschendraht ist je nach Anforderung in leichter (2,2 mm Draht verzinkt), mittlerer (2,8 mm Draht) und schwerer Qualität (3,1 mm Draht) erhältlich. Für vorübergehende Einzäunungen genügen die leichten, verzinkten Qualitäten. Im öffentlichen und gewerblichen Bereich sind eher die schweren Qualitäten und engen Maschenweiten gefragt. Für den privaten Bedarf eignet sich in der Regel die Maschenweite 60 x 60 mm aus kunststoffummanteltem 2,8 mm Draht. Um die Entscheidung über den Transport zu erleichtern, steht auch die Gewichtsangabe für eine 25-m-Rolle in der Tabelle. Stahlrohrpfähle: 34 mm Durchmesser kunstharzbeschichtet, Wanddicke 1,5 mm.

Pfahllänge	Zaunhöhe	Spanndrähte	Drahtabstand	Geflechtbreite	Gewicht
120 cm	85 cm	3	40 cm	80 cm	14,0 kg
150 cm	105 cm	3	50 cm	100 cm	17,5 kg
175 cm	130 cm	4	42 cm	125 cm	22,0 kg
200 cm	155 cm	4	50 cm	150 cm	26,3 kg
230 cm	180 cm	5	44 cm	175 cm	30,7 kg
260 cm	205 cm	5	50 cm	200 cm	33,0 kg

Für spezielle Verwendungen gibt es auch die Geflechtbreiten 60 und 75 cm.

Zubehör: Spanndraht 3,1 und 3,8 mm Ø (über 50 m Spannlänge), Bindedraht 2,0 mm, Wickeldraht 1,25 oder 1,6 mm Ø oder Befestigungsringe. Die Durchmesserangaben gelten einschließlich Kunststoffummantelung. Stützpfahlgelenke mit Rohrschelle, Drahtspanner mit Rohrschelle, Spannstab mit Rohrschellen und Ösen.

Abweichungen der Wellenlinien fallen in Nähe der Pfähle weniger auf.

Gitterzaun

Technik:
Schweißgitter 50,8 x 50,8 oder 76,2 x 63,5 sowie 101,6 x 50,8 mm Maschenweite, kunststoffummantelt. Drahtdurchmesser 2,2 und 2,5 mm je nach Maschenweite verschieden. Die Maschenweite 101,6 x 50,8 mm wird besonders zur Umzäunung von Spielflächen empfohlen. Um die Entscheidung über den Transport zu erleichtern, steht die Gewichtsangabe für eine 25-m-Rolle in der Tabelle. Stahlarmierte Pfähle: 38 mm Durchmesser, aus wiederverwertetem Kunststoff.

Pfahllänge	Zaunhöhe	Gitterbreite	Gewicht
120 cm	107 cm	102 cm	22,8 kg
150 cm	127 cm	122 cm	27,0 kg
175 cm	157 cm	152 cm	33,1 kg
200 cm	188 cm	183 cm	39,3 kg
230 cm	208 cm	203 cm	43,5 kg

Für spezielle Verwendungen gibt es auch die Breiten 61 und 81 cm.

Zubehör: Stützpfahlgelenke mit Rohrschellen, Spanngabel, Clipse, Clipszange.

Ungewöhnliche Werkzeuge zum Rammen

Zum Eintreiben von Ankern oder Pfählen ist deshalb das Rammrohr, oder notfalls ein schwerer Pflasterblock aus Granit, weitaus besser geeignet. Auch einen schweren Bohrhammer mit Schlagplatte kann man für diesen Zweck verwenden. Das Gitter wird am ersten Pfahl mit speziellen Clipsen und einer zugehörigen Zange befestigt. Dann wird es bis zum Endpfahl ausgerollt, mit einem Spannwerkzeug um den Pfahl gespannt und dort ebenfalls angeclipst. Danach folgt die Befestigung an den übrigen Pfählen.

Holzzaun bauen

Holzzäune sind Klassiker der Grundstücks-
einfriedungen, sie überleben
jeden Modetrend. Mit der Zeit, durch
die Witterung werden sie rustikal und durch
Kletterpflanzen blühen sie richtig auf!
Dann schützen und schirmen Sie nicht nur Ihr
Grundstück ab, sondern werden auch
noch zu dekorativen
Gestaltungselementen.

Ein wesentlicher Kostenanteil im Zuge der Gartengestaltung entfällt auf die Grundstückseinfriedung. Aber auch hier sind durch Eigenleistung Einsparungen möglich. Eine rustikale und preisgünstige Lösung stellt ein Bretterzaun dar. Diese einfache Konstruktion ist mit wenigen Handgriffen erstellt und gibt dem Garten schon bald nach der Anlage einen festen Rahmen. Später, wenn sich die Haushalts- oder Gartenkasse wieder erholt hat, kann man den einfachen Bretterzaun noch durch verschiedene Kletterpflanzen veredeln.

Einfacher Aufbau

Die Bretter gibt es preiswert beim Sägewerk. Wer möchte, kann die sägerauen Holzbauteile mit einem Elektrohobel behandeln. Das ist aber nur nötig, wenn sie gestrichen werden, sie können genauso unbehandelt bleiben. Das helle Holz verwittert mit der Zeit und sieht dann weniger auffällig aus.

Als Pfosten für die Bretter sind Kanthölzer mit einem Querschnitt von 10 cm x 10 cm ausreichend. Sie werden auf Pfostenanker aus Metall geschraubt. Diese wiederum stehen auf Punktfundamenten aus Beton.

Erst Pfosten montieren

Der Zaunbau beginnt mit dem Montieren der Pfosten. Die Bretter werden dann nach dem Zuschneiden auf passende Längen nur noch festgeschraubt. Abschließend kommt der Zusammenbau der Türen an die Reihe. Sie können auch stellenweise Spaliere für Kletterpflanzen am Zaun montieren – hier können sich später Kiwis und Weinreben ausbreiten.

Falls vorhanden, sind Punktfundamente von alten Zäunen als Basis für den Zaunbau brauchbar. Die verrosteten Metallpfosten müssen Sie in diesem Fall nach dem Freilegen der Betonsockel mit der »Flex« abtrennen. Der Abstand der einzelnen Punktfundamente richtet sich grundsätzlich nach der Länge der Bretter. Wenn jedoch noch alte Fundamente vorhanden sind, ist der Abstand schon vorgegeben. Übrigens sollten Sie später für die Bepflanzung einen ausreichenden Zwischenraum zum Zaun unbedingt einhalten.

Die Betonsockel, die als Punktfundamente dienen, erhalten Bohrungen, die den Einsatz der Pfostenanker möglich machen. Die Bohrungen müssen der Stärke der Pfostenanker angemessen sein, damit diese fest sitzen.

Profitipp

Die Pfostenanker sind in verschiedenen Ausführungen und Qualitäten in Baumärkten oder im Metallwarenhandel erhältlich. Unauffälliger als die U-Formen sind Gewindestangen, die jeweils in eine Bohrung unten in den Pfosten eingeführt werden.

An der Straße können Sie die Randsteine als Sockel für einen Zaun nutzen. Allerdings sind solche Granitsteine nur mit Mühe zu bearbeiten. Deshalb müssen Sie in diesem Fall eigene Punktfundamente schaffen.
Nach dem Festschrauben des Pfostens am Metallanker und dem Einsetzen in den frischen Beton muss das Fundament in Ruhe aushärten. Stützbretter dienen einstweilen zur Sicherung. Gleichermaßen werden weitere Pfosten gesetzt. Sie lassen sich statt für einen Bretterzaun auch für Maschendraht oder andere Materialien nutzen. Für edlere Holzzäune kommen allerdings eher ausgewählte und behandelte Pfosten zum Einsatz.
Als Schalung für neue Punktfundamente eignen sich einfache Baueimer, die in den Boden eingesenkt werden. Die schwarzen Kunststoffkübel sind preiswert in Baumärkten zu bekommen. Wenn Sie tiefe Betonfundamente brauchen, trennen Sie einfach die Böden ab und graben Sie die Löcher entsprechend tiefer aus.

Den Zaun ans Haus montieren

Für die ganze Strecke sind mehrere Pfosten nötig. Nach dem Einsetzen der beiden Eckpfosten lassen sich mithilfe eines Maßbands die Abstände zwischen den Pfosten festlegen. Sie richten sich unter anderem auch nach der Länge der verwendeten Zaunbretter.

Gewindestangen sind eine unauffällige Alternative zu den U-förmigen Pfostenankern.

Punktfundamente in die Erde einlassen.

Solche Pfosten eignen sich sowohl für den Bretter-, als auch für den Maschendrahtzaun.

Sobald die Pfosten an der Straßenseite sitzen, kann der Zaunbau weitergehen. Hier beginnen die Vorbereitungen für den Bau einer Gartentür.

Mauerdübel geben einem Türpfosten den nötigen Halt, dazu müssen Sie die Ziegelwand vorbohren. Am Haus sind diese Arbeiten mit einer gewöhnlichen Elektrobohrmaschine möglich. Abseits im Garten erleichtert ein Akkugerät die Bohr- und Schraubarbeiten.

Gartentür vorbereiten

Der Abstand der Pfosten gibt die Türbreite vor. Der Eigenbau macht verschiedene Breiten möglich. Je nach

Der exakte Bretterzuschnitt erleichtert den Zaunbau.

Die Bretter müssen vor dem Zuschnitt angepasst und markiert werden.

Hier fiel die Entscheidung für drei Bretter pro Zaunfach.

Lage und Bedarf kann auch eine Doppeltüre angefertigt werden, etwa wenn eine Zufahrtsmöglichkeit erwünscht ist. Der Zuschnitt der Bretter erfolgt am Lagerplatz. Dabei ist eine spezielle Gehrungssäge hilfreich, die exakte Schnitte ermöglicht. Zur Bearbeitung ist aber auch gewöhnliches Handwerkszeug gut genug. Vor dem Zuschnitt müssen Sie die Bretter anpassen und kennzeichnen. Das ist sicherer als eine Übertragung per Maßband oder Meterstab, zumal sich beim Zaunbau auch schräge Schnittstellen ergeben können. Der Vorteil der großen Bretter macht sich jetzt bemerkbar. In kurzer Zeit und mit wenigen Handgriffen kommen die Zaunflächen zustande. Zunächst wird das untere, dann das obere Brett markiert, zugeschnitten und befestigt.

Beschläge und Verbindungselemente

In die Lücke können Sie dann das dritte Zaunbrett einpassen. Das geschieht ebenfalls nach Augenmaß, zumal die ungesäumten Bretter keine exakten Vorgaben ermöglichen.

Zum Befestigen dienen rostfreie Kreuzschlitzschrauben, die mit dem Bohrschrauber in die Holzpfosten gedreht werden. Das Schrauben geht – anders als das Festnageln mit verzinkten Stiften – ohne Erschütterungen der Pfosten von der Hand.

Für den Zusammenbau einer Gartentür sind neben den Latten und den Schrauben vier Beschläge, zwei Türbänder mit den dazugehörigen Haken und ein Riegel nötig. Weitere Beschläge und Verbindungselemente werden für zusätzliche Türen an anderen Stellen gebraucht.

Die Tür wird angepasst

Während die großen Zaunflächen recht flott zustande kommen, erfordert die Anfertigung der Türen einige Zeit. Sie müssen genau den Aussparungen angepasst werden. Mithilfe der Beschläge entsteht der Türrahmen. Beachten Sie, dass die Metallwinkel auf der richtigen Seite montiert werden, damit sie beim Festschrauben der Bretter nicht

Zuerst wird das obere, dann das untere und zuletzt das mittlere Brett befestigt.

Für die Gartentür benötigen Sie Beschläge, Türbänder, Haken und Riegel.

Die etwas schräg sitzende Tür ist nicht nach Plan machbar. Die Sonderanfertigung wird nach Augenmaß gebaut.

stören. Eine Strebe im Rahmen hält die Tür in Form. Nach dem Einhängen des Rahmens in die Metallhaken können Sie die Bretter in der Tür anpassen, sie sollten in derselben Höhe wie die Zaunbretter sitzen. Wie schon im Vorgarten entstehen auch an der Straße weitere Zaunelemente.

Der Holzzaun sieht nach der Fertigstellung noch frisch aus, das Holz dunkelt aber bald nach. Außerdem bilden später noch Sträucher eine schöne Kulisse. Wo keine alten Zaunsockel vorhanden sind, müssen Sie neue Punktfundamente schaffen. Auch hier sind gewöhnliche Baueimer ausreichend, die als Schalung für den Beton dienen. Statt der kurzen Zaunpfosten können Sie lange Balken einsetzen, die dann einen massiven Türrahmen bilden. Ein hoher Torbogen übt jedoch einen starken Druck auf die Punktfundamente aus, zumal die Türflügel daran befestigt sind. Solche langen Pfosten sollten zusätzlich gestützt werden oder tiefe Punktfundamente erhalten.

Profitipp

Der einfache billige Zauntyp hat sich besonders für lange Strecken bewährt, denn die langen massiven Bretter überspannen problemlos große Zwischenräume.

Rankhilfe für Kletterpflanzen

Als zusätzlichen Sichtschutz an einer einsehbaren Stelle können Sie den Holzzaun mit Kletterpflanzen begrünen. Diese finden Halt an Spannschnüren. Zur Befestigung dienen Ringschrauben, die Sie in angemessenen Abständen in die Torpfosten drehen müssen. Diese genügen zum Spannen von gewöhnlichem Zaundraht.

Für Spanndrähte aus Edelstahl, die sich außerdem über größere Abstände erstrecken, sind massivere Haken oder Befestigungselemente nötig. Solche Drahtgerüste eignen sich auch zur Begrünung mit einjährigen Schlingern wie Stangenbohnen, die aber nur im Sommer einen Sichtschutz bieten.

Grüner Sichtschutz

Drahtspanner, die zwischen die Drähte eingesetzt werden, machen eine straffe Befestigung möglich und halten die

Drähte in Form, wenn das Gewicht der Kletterpflanzen auf sie lastet. Wenn hohe Zaunpfosten zur Verfügung stehen, ist diese Art der Begrünung über mehrere Etagen möglich – je nachdem, wie viele Spanndrähte gezogen werden.

Sofort nach der Bespannung können Sie die Begrünung mit ausgewählten Kletterpflanzen vornehmen. Ein dichtes Blattwerk bilden Kiwis, die einige Jahre nach der Bepflanzung auch reichlich fruchten.

Sonderkonstruktion in der Hanglage

Eine Hanglage macht ungewöhnlichere Zaunkonstruktionen nötig. Die Türen müssen auch an der Böschung leicht zu öffnen und zu schließen sein. Einfacher ist jedoch die Fertigung solcher Rancherzäune auf flachem Gelände.
Ein zweites Tor im Zaun soll als Rosenbogen dienen, auch dafür wurden Drähte gespannt. Kletterrosen sind typische Spreizklimmer, die an solchen Kletterhilfen sehr gut Halt finden.

Der fertige Zaun gibt dem Garten einen rustikalen Rahmen. Dahinter wächst der zukünftige Sichtschutz aus Sträuchern auf, die in ausreichendem Abstand gepflanzt wurden.

Mit Ringschrauben wird der Zaundraht befestigt, hier können später Kletterpflanzen ranken.

Drahtspanner halten die Drähte in Form.

Ein individueller Zaun mit Schrägtor und hohem Torbogen.

Hecke anlegen

Hecken können als **Einfriedung** das Grundstück vor Wind, Lärm und neugierigen Blicken abschirmen und im **Garten** verschiedene Bereiche abtrennen. Vom **Apfelbuschbaum** bis zur **Zierquitte** – die Auswahl an **Hecken-pflanzen** ist einzigartig!

Unter den verschiedenen Hecken-Typen sind besonders die streng geschnittenen Laubgehölzhecken hervorzuheben. Denn sie passen auch in kleine Gärten und haben sich als preiswerte, pflegeleichte Grundstücksgrenzen bewährt. Diese streng geschnittene Hecke bietet einen vergleichbaren ökologischen Wert wie eine frei wachsende Zierstrauchhecke. Die geschnittene Laubhecke ist eine dichte Alternative zu einer Wildstrauchhecke, einem Zaun oder einer Mauer. Diese müssen ja auch gepflanzt oder gebaut werden und brauchen Pflege.

Natürlich kann man die verschiedenen Einfassungen auch kombinieren und z. B. eine Grundstücksgrenze mit einer Wildstrauchhecke bepflanzen, eine andere Seite aber mit einer streng geschnittenen Formhecke begrünen. Vor allem sei den Anliegern lärmender Straßen empfohlen, vorhandene leichte Zäune mit Formhecken zu verstärken.

Kleine Bereiche einfrieden

Mit Formhecken aus niedrigen Gehölzen kann man auch kleine Bereiche im Garten dicht abschirmen oder optische Grenzen schaffen. So fassen die kleinen

Niedrige Hecken rahmen Beete schön ein.

Buchshecken oder die roten Zwergberberitzenhecken beispielhaft Gemüsebeete oder Sommerblumenrabatten ein, um die Fülle an Kräutern und Blumen in Grenzen zu halten. Genauso können Sie mit anderen streng formierten Zwerggehölzen Beete unterteilen, Rabatten einrahmen oder Wege säumen.

Bunte Wand aus Laubgehölzen

Streng geschnittene Laubgehölzhecken sind ein unauffälliger Hintergrund für Blütenstauden, Rosen oder Sommerblumen. Grüne Hecken, die den Rasen säumen, können aber eintönig wirken. Wenn Ihnen meterlang laufende Liguster-, Hainbuchen- oder Ahornhecken zu uniform vorkommen, sollten Sie schnittverträgliche, buntblättrige Gehölze pflanzen oder dazwischen setzen. Wenn noch einige Immergrüne dazu kommen, wirkt die Hecke das ganze Jahr über abwechslungsreich.

Formschnitthecke mit Blüten

Eine doppelte Wirkung können Sie mit schnittverträglichen Blütensträuchern erzielen, die selbst dann noch üppig blühen, wenn sie jährlich streng formiert werden. Hervorzuheben sind Forsythienformhecken, die im Frühjahr von der Ferne leuchten und im Sommer grüne Grenzen bilden. Es ist nicht schwer, eine Formhecke zu pflanzen, aufzubauen und dann in Form zu halten. Wenn Sie zudem die Pflanzen selbst vermehren, kostet diese Grundstücksgrenze nur ein wenig Arbeit.
Aber auch mit Jungpflanzen aus der Baumschule kommt die Anlage nicht

teurer als ein Zaun oder eine Mauer. Im Zehnerbund kostet z. B. eine zwei- bis dreijährige Hainbuche ohne Erdballen etwa 2 Euro. Pro laufenden Meter pflanzt man drei bis vier Jungpflanzen. 100 m Hecke kosten also etwa 700 Euro. Die Jungpflanzen erhalten zunächst ein Wasserbad, damit sich die Wurzeln vollsaugen können.

Profitipp

Pflanzen mit losem Wurzelwerk wachsen nur dann zügig an, wenn sie einen kräftigen Pflanzschnitt erhalten. Dazu müssen die Triebe der Gewächse mindestens um die Hälfte eingekürzt werden. Bei Containerware oder Ballenpflanzen ist dies nicht nötig. Solche Pflanzen mit intaktem Wurzelwerk sind jedoch erheblich teurer. Die Heckenpflanzen mit losen Wurzeln holen den Vorsprung der Ballenpflanzen aber in wenigen Jahren auf.

Die Wurzeln werden nur wenig geschnitten. Insbesondere ist es nötig, verletzte oder nach oben gekrümmte Spitzen einzukürzen. Die beste Pflanzzeit für Hecken dieser Art ist im Herbst und im Frühjahr, wenn die Gehölze noch in der Saftruhe sind.

Damit sich bald ein kompakter Pflanzstreifen entwickelt, kommen die Heckenpflanzen möglichst dicht in die Reihe. Rechnen Sie pro Meter mit drei

Bunte Gehölze bieten einen abwechslungsreichen Anblick.

Manche Heckenarten erfreuen das Auge mit üppiger Blütenpracht.

Jungpflanzen aus der Baumschule müssen nicht teuer sein.

Die Wurzeln sollten nur mäßig geschnitten werden.

Aus dicht gesetzten Pflanzen wächst später eine kompakte Hecke.

bis vier Stück. Der Boden muss entsprechend ausgekoffert werden, auf einem gutem Gartenboden genügt jedoch ein spatentiefer Graben. Sobald die Jungpflanzen verteilt sind, kann die Pflanzung beginnen. Achten Sie darauf, dass die Sträucher nicht zu tief im Boden sitzen. Ebenso ist eine zu flache Pflanzung zu vermeiden, damit keine Faserwurzeln vertrocknen. Der Wurzelhals, das ist die Übergangsstelle vom Wurzelwerk zum Stämmchen, muss bündig zur

Erdoberfläche sitzen. Beim Festdrücken der Erde nicht auf die Wurzeln treten!

Die richtige Pflege

Nach der Pflanzung ist das Einschlämmen mit Wasser nötig. Dadurch werden alle Hohlräume mit Erde gefüllt; die Wurzeln bekommen Bodenkontakt (»Bodenschluss«). Auch in den nächsten Tagen benötigt die junge Hecke ständig Wasser, andernfalls sind Ausfälle durch Trockenschäden nicht zu vermeiden.

Nach der Pflanzung im Herbst bringen die jungen Heckenpflanzen bereits im nächsten Frühjahr kräftige Triebe hervor. Sie sollten schon ab jetzt jeweils im Sommer formiert werden. In den ersten Jahren genügt es, alle langen und abweisenden Triebe einzukürzen. Das regt sie zum Austrieb von Seitentrieben aus geschlossenen Knospen an und fördert einen buschigen Pflanzenwuchs.

Profitipp

Bei manchen Hecken aus schwach wachsenden Laubgehölzen genügt ein Schnitt im Jahr. Formhecken aus stark wachsenden Bäumen oder Sträuchern sollten allerdings zweimal im Jahr geschnitten werden, damit sie kompakt bleiben. Außer dem Schnitt brauchen die Formhecken wenig Pflege. Es genügt, einmal jährlich mit Kompost zu düngen, um den Verlust durch den Schnitt auszugleichen.

Sobald die gewünschte Höhe der Hecke erreicht ist, werden auch die Gipfeltriebe eingekürzt. Das sollte in diesem Stadium noch mit der Astschere erfolgen, die einen sauberen glatten Schnitt ermöglicht. Die Heckenschere verursacht rissige Wunden.
Auch später, wenn die Hecke bereits einen dichten Pflanzstreifen bildet, sollte neben der Heckenschere immer noch die Astschere zum Einsatz kommen. So etwa, um lange Triebe während des Jahres einzukürzen oder von der Heckenschere ausgefranste Schnittstellen nachzuschneiden.

Anschließend müssen die Pflanzen kräftig gewässert werden.

Ab dem dritten Jahr genügt ein »Spitzenschneiden«.

Im Sommer schneiden

Die Pflege einer Formschnitthecke beschränkt sich ohnehin auf einen Schnitt im Jahr und gelegentliche Eingriffe während der Saison. Insbesondere sollten Hecken aus stark wüchsigen Gehölzen wie Hainbuchen oder Buchen nach dem Sommerschnitt, der Ende Juni erfolgt, auch später gelegentlich getrimmt werden.

Die Astschere leistet beim Formschnitt gute Dienste.

Durch einen regelmäßigen Schnitt lassen sich Hecken beliebig gestalten. So sind auch Torbögen oder Figuren in der Hecke machbar. Mit der Formierung müssen Sie aber schon in den ersten Jahren nach der Pflanzung beginnen. Später, wenn die Hecken ihre endgültige Gestalt bekommen haben, lassen sie sich leicht in Form halten. Dazu genügt es, jedes Jahr im Sommer, etwa Ende Juni/Anfang Juli, die neuen Jahrestriebe knapp über den Austriebsstellen zurückzuschneiden. Vermeiden Sie hierbei Rückschnitte ins alte Holz!

Winterschnitt für alte Hecken

Alte Hecken aus stark wüchsigen Gehölzen, die vernachlässigt wurden, nehmen auch einen Verjüngungsschnitt hin. Sie lassen sich im Winter, in der Saftruhe, radikal bis zur ursprünglichen Höhe zurückschneiden.

Dazu werden zunächst die Flanken mit der Astschere bearbeitet.
Dann ist die Abstufung bis zur gewünschten Höhe an der Reihe. Mit einer geschliffenen Astschere sind auch kräftige Zweige zu schaffen. Falls nötig, können Sie die Säge einsetzen. Das Schnittgut lässt sich nach dem Häckseln sehr gut als Mulchmaterial in der Hecke nutzen.
Nach dem Schnitt sieht die Hecke erstmals stark gestutzt aus, aber schon im Frühjahr bringt sie wieder junge Triebe hervor. Eine reichliche Kompostversorgung kann sie dabei unterstützen. Jetzt erhält sie wieder die gewöhnliche Pflege.

Auch als Figuren oder Torbögen lassen sich Hecken gestalten.

Pflanzen für Formhecken (Auswahl)

Laubgehölz-Art	immergrün	sommergrün	Heckenhöhe (in cm), Hinweis
Acer campestre (Feldahorn)	x		über 150, robust
Berberis (Berberitze)			
– candidula	x		50 –100, stechend
– julianae	x		bis 150, stechend
– thunbergii		x	50 –100, stechend
– thunb. 'Atropurp.'		rotlaubig	50 –100, stechend
Buxus sempervirens (Buchsbaum)			
– 'Suffruticosa'		x	50 –100, bedingt frosthart
– var. arborescens		x	über 150, frosthart
Carpinus betulus (Hainbuche)		x	über 150, robust
Chaenomeles (Zierquitte)		x	50 –100, stechend
Cotoneaster (Felsenmispel)			
– dielsianus		x	bis 100, blühend
– multiflorus		x	bis 100, blühend
Crataegus monogyna (Weißdorn)		x	über 150, stechend
Deutzia gracilis (Deutzie)		x	50 –100, blühend
Fagus sylvatica (Buche)		x	über 150, Laub, lange haftend
Forsythia (Goldglöckchen)		x	bis 150, blühend
Ilex aquifolium (Stechpalme)	x		50 – 200, unterschiedliche Sorten
Ligustrum vulgare (Liguster)	x	x	100 – 200, immer- und sommergrüne Sorten
Pyracantha (Feuerdorn)	x		100 – 200, stechend

Steinpfad im Garten

Wege und Plätze

bestimmen das

Erscheinungsbild ihres

Gartens wesentlich mit.

Sie geben auch Auskunft

über **Geschmack und Stil**

der Hausbewohner.

Ihrer Fantasie sind bei

der Verlegung der **Pflaster**

keine Grenzen gesetzt!

Die Anlage eines Pfades garantiert Begehbarkeit im Garten. Nachdem Sie sich die Wegeführung überlegt haben, berechnen Sie die Einkaufsmengen. Dazu benötigen Sie die Quadratmeterzahl des anzulegenden Wegs.

Diese errechnen Sie aus Länge und Breite des Pfads. Soll die Breite des Pfads variieren und ist die Differenz nicht zu groß (ca. 30 cm), mitteln Sie einfach zwischen kleinster und größter Breite. Berechnen Sie einzelne Abschnitte, wenn die Differenzen größer sind und sich über mehrere Meter erstrecken. Den Unterbau stellen Sie aus 10 cm Rundkies her, die Anzahl der Quadrat-

meter geteilt durch 10 ergibt die Menge Kies in Kubikmeter, die Sie kaufen müssen. Die Menge Splitt für die 5 cm starke Schicht berechnet sich aus der Anzahl der Quadratmeter geteilt durch 20.

Gut kalkulieren

100 bis 110 Pflastersteine in der Normalgröße 9/11 cm werden auf den Quadratmeter benötigt, für Rasenpflaster mit Fugen von 1,5 bis 2 cm etwa ein Viertel weniger. Zum Einkehren der Fugen brauchen Sie Sand und Oberboden, die Sie in einer Mischung von 2:1 verwenden. Für die Tragschicht nehmen

Auf den Quadratmeter rechnet man 100 bis 110 normal große Pflastersteine.

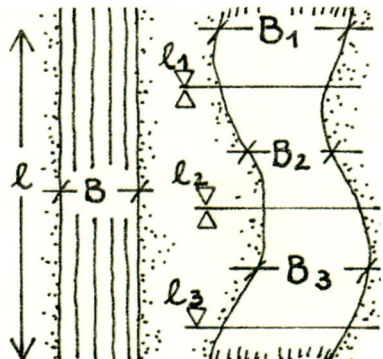

Bei einem geschwungenen Pfad (rechts im Bild) Mittelwert nehmen.

Sie Rundkies 0/32, für die Ausgleichsschicht verwenden Sie Splitt 2/5. Zur Errechnung der Minushöhe zählen Sie noch die Steindicke von 10 cm hinzu. Markieren Sie den Wegeverlauf von der Terrasse bis zum Zielpunkt zu beiden Seiten mit Eisen und beginnen Sie auszukoffern. Spannen Sie eine Schnur auf fertige Höhe und fahren Sie mit dem Auskoffern fort, bis die Koffersohle bei etwa 25 cm Minushöhe liegt. Verdichten Sie dann mit einer Rüttelplatte.

Wenn Sie ein Rasenpflaster anlegen, reduziert sich die Zahl der Steine.

Mörtellos fest und solide

Bringen Sie die Tragschicht ein, die nach dem Verdichten 10 cm stark sein soll. Die Randsteine des Belags werden nicht in Mörtel gesetzt. Eine gute Standfestigkeit lässt sich erzielen, indem Sie den Unterbau 5 bis 15 cm über die Kante hinausziehen.
Das Pflaster setzen Sie direkt in den Splitt hinein und füllen die Fugen zu einem Drittel mit Splitt aus.

Profitipp

Wenn Sie einen geschwungenen Weg anlegen, lassen Sie die einzelnen Reihen im rechten Winkel zu den Rundungen verlaufen. Das betont die Rundung. Strenger wirkt die Gestaltung, wenn sie die immer gleiche Ausrichtung der Reihen über die Bögen hinwegziehen.

Füllen Sie den Wegrand mit Oberboden an und verdichten Sie ihn leicht, damit die Randsteine beim anschließenden Rütteln nicht verrutschen. Dann kehren Sie die Fugen mit einem Sand-Erde-Gemisch (im Verhältnis 2:1) ein.
Wenn Sie die Fläche mit Wasser besprühen, spült sich das Gemisch tief in die Fugen. Wiederholen Sie den Vorgang Einkehren und Einschlämmen so lange, bis die Fugen verfüllt sind und rütteln Sie danach ab. Zum Abschluss der Arbeiten können Sie Rasen in die Fugen säen.

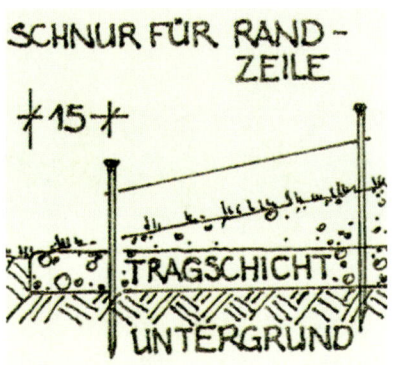

Den Unterbau bis maximal 15 cm über die Kante hinausziehen.

Ohne Mörtel werden die Steine in den Splitt gesetzt.

Anschließend den Pfad mehrmals einschlämmen, um die Fugen zu verdichten.

Alles im Kasten

Nicht nur im Garten selbst,

auch in Pflanzkästen an Fenstern

oder auf Balkon und Terasse

wirkt eine bunte Pflanzenvielfalt

dekorativ und zugleich freundlich und

einladend auf Bewohner und Besucher

des Hauses.

Zur Anzucht Ihrer

Blütenpracht bietet ein selbst-

gebautes Gewächshaus Schutz

vor Wind und Wetter.

Blumenkasten für Dachfenster und Balkon

Kästen mit

**Blumen
und Würz-
kräutern**

vor dem Fenster

oder auf dem

Balkon sind eine

**Zierde
für jedes Haus**

und frische Küchen-

kräuter sind immer

griffbereit.

AUF EINEN BLICK!

Material Dachfensterblumenkasten
1300 mm lang, 45° Dachneigung, Gartenholz Kiefer

Pos.	Bauteil	Maße in mm
1	Frontblende	1300 x 120 x
2	Rückblende	1248 x 120 x 21
3	2 Außenseiten	300 x 120 x 21
4	Boden	1198 x 120 x 21
5	Innenrückwand	1240 x 120 x 21
6	2 Innenseiten	150 x 120 x 21
7	Randleiste	1240 x 30 x 21
8	1 Aluminium Winkelprofil	1100 x 20 x 40 x 3
9	oder 2 Aluminium Flachprofile	190 x 40 x 4,0

Schlossschrauben M8 x 60 (2 Stück), Unterleg-scheiben (4 Stück), Muttern M8 (2 Stück), Edelstahl-Holzschrauben 5,0 x 50 (30 Stück), Panhead Holzschrauben 5,0 x 50, 4,0 x 25, wasserfester Holzleim, Farblasur, Acrylfarbe, Abdichtfolie (Schwarzfolie), Polyestervlies, perforierte Folie

Material Balkonkasten
1300 mm lang, Gartenholz Kiefer

Pos.	Bauteil	Maße in mm
1	Frontblende	1300 x 120 x 21
2	Rückblende	1300 x 60 x 21
3	2 Außenseiten	195 x 120 x 21
4	Boden	1198 x 120 x 21
5	Innenrückwand	1240 x 120 x 21
6	2 Innenseiten	150 x 120 x 21
7	Randleiste	1240 x 30 x 21
8	2 Aluminium-Flachprofile	240 x 30 x 5,0

Schlossschrauben M8 x 60 (2 Stück), Unterlegscheiben (4 Stück), Muttern M8 (2 Stück), Edelstahl-Holzschrauben 5,0 x 50 (30 Stück), Panhaed Holzschrauben 5,0 x 50 (6 Stück), wasserfester Holzleim, Farblasur, Acrylfarbe, Abdichtfolie (Schwarzfolie), Polyestervlies, perforierte Folie

Werkzeuge
Schraubzwingen, Pinsel, Bohrmaschine, Akkuschrauber, Schraubendreher, Unterlegklotz, Schraubstock, Gabelschlüssel

Blüten sind als Farbtupfer, von innen wie von außen, immer ein hübscher Anblick. Einzelpflanzen in Töpfen sind praktisch, weil sie leicht ausgetauscht werden können.

Mit Topfpflanzen in Kästen können Sie das ganze Jahr hindurch Ihr Fenster schmücken. Ob Sie im Sommer Blumen oder Kräuter anpflanzen – Kräuter gedeihen übrigens an einem sonnigen Platz im Freien viel besser als auf der Fensterbank – oder im Winter mit Erika und kleinen Nadelgehölzen Farbe vor Ihr Fenster bringen, mit dieser Methode können Sie Winter- und Sommerbepflanzung mühelos austauschen. Für die kalte Jahreszeit sollten Sie jedoch Plastiktöpfe verwenden – und Wasser brauchen die Pflanzen im Winter auch.

Pflege für Topfpflanzen

Die Gefahr des Austrocknens ist bei Topfpflanzen, durch den begrenzten Wurzelraum, besonders groß. Gießen sollten Sie allerdings nur an frostfreien Tagen. Den Sommer können die Pflanzen in ihren Plastiktöpfen in der Erde eingegraben verbringen, um in der folgenden Saison wiederverwendet zu werden.

Profitipp

Mehrjährige Würzkräuter in Töpfen können Sie überwintern, indem Sie sie mit ihrem Wurzelballen aus dem Tontopf nehmen, zurückschneiden und mit Reisig abdecken. Auch kann sich ein zweiter Satz Kräutertöpfe im Sommer im Garten erholen, damit man die Kräuter nicht zu weit abschneiden muss. Würzkräuter können nur in humusreicher Erde an sonnigem Standort ihr volles Aroma entwickeln. Um Erde aufzufüllen, ohne den Topf zu vergrößern, können Sie den Wurzelballen im Frühjahr, sobald der Frost nachlässt, ringsum knapp 2 cm dick abschälen und den gewonnenen Raum mit gut verrotteter Kompost- oder Wurmerde auffüllen.

Das Material für die Tröge muss dementsprechend witterungs- und frostbeständig sein. Selbstgebaute Tröge aus kesseldruckimprägniertem Gartenholz haben darüber hinaus noch den Vorteil, dass sie individuell, z. B. an schräge Dachfenster, angepasst werden können.

Lösungen für den Spezialfall

Je größer die Abmessungen, desto attraktiver wirken die Kästen. Dennoch bleiben sie handlich, weil sich das Gewicht der nassen Erde auf einzelne Töpfe verteilt. Der Innenkasten lässt sich gleichzeitig als Feuchtigkeitsspeicher verwenden und genau so ausrichten, dass sich der Wasservorrat gleichmäßig über den Boden verteilt. Mit zur Fassade passender Farbe können Sie dekorative Akzente setzen.

Da die Einzelteile aus fertig profilierten Hölzern sind, beschränkt sich die Anfertigung der Tröge im Wesentlichen auf den Längenzuschnitt und das Herstellen der einfach geschraubten Verbindungen. Auf Holzschrauben aus rostfreiem Edelstahl sollten Sie nicht verzichten, damit auch die Verbindungen mindestens so lange halten wie das Holz.

Anfertigung mit einfachen Mitteln

Bereits beim Zuschnitt lässt sich die Dachneigung oder die Konstruktion der Balkonbrüstung berücksichtigen. Wenn Sie alle sichtbaren Ecken und Kanten mit Feile oder Formschmirgler abrunden, dient das einer gefälligeren Form. Die Bohrungen in gleichmäßigen Abständen anzeichnen, möglichst mit der Bohrmaschine im Ständer herstellen und den

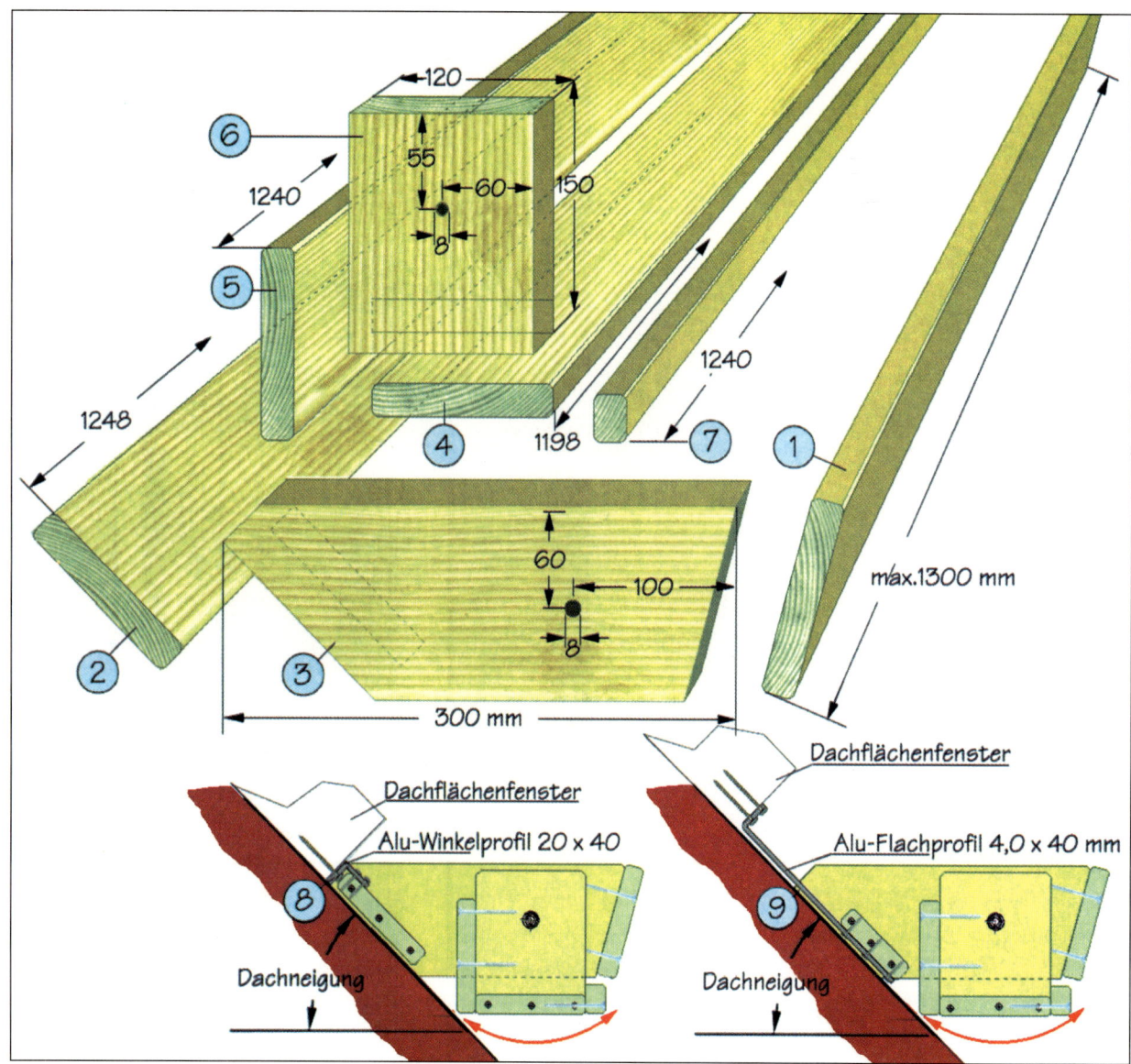

Dachfensterkasten: Frontblende (1), Rückblende (2), Außenseiten (3), Boden (4), Innenrückwand (5), Innenseiten (6), Randleiste (7), Alu-Winkel-(8) und Flachprofile (9).

Bohrlochrand für den Schraubenkopf ansenken. Sichtbare Schraubenköpfe wirken etwas unprofessionell. Spannen Sie die Einzelteile zum Verbinden auf die Arbeitsfläche. So lassen sich nicht nur die in schiefem Winkel aneinander gefügten Teile leichter verarbeiten. Wenn Sie wasserfesten Holzleim auf den Verbindungsflächen auftragen, erhöhen Sie die Haltbarkeit.

Befestigungen an Blendrahmen

Für die Befestigung am Blendrahmen eines Dachflächenfensters gibt es zwei Möglich-

keiten. Wenn sich der Kasten eng am Rahmen montieren lässt, ist ein Aluminium-Winkelprofil die einfachere Lösung. Zur Montage das Profil mit einem Brettabschnitt gegen den Blendrahmen des Fensters spannen und durch vorgebohrte Löcher mit Edelstahlschrauben befestigen. Der Kasten lässt sich dann mit seiner Rückwand am Winkelprofil verschrauben. Falls der Abstand zwischen Schwenkflügel und

Pflanzen zu knapp wird, kann der Kasten an längeren, abgewinkelten Aluminium-Flachprofilen aufgehängt werden. Mit derartigen Haltewinkeln ist auch der Balkontrog an der Brüstung befestigt. Die genaue Ausschnittgröße in den Seitenteilen und die Anordnung der Haken sollten Sie an einem Musterstück ausprobieren, denn Balkongeländer haben sehr unterschiedliche Maße und Formen.

Sicherheitstipp

Kurze Metallprofile zur Bearbeitung stets in den Schraubstock bzw. zum Bohren in den Maschinenschraubstock des Bohrständers einspannen. Vor allem kleinere Teile lassen sich nicht sicher genug mit den Händen halten.

Schneiden Sie die Einzelteile zu. Für die Randleiste ein Brett auftrennen oder ein fertiges Leistenprofil 21 x 35 mm verwenden.

Löcher gleichmäßig aufgeteilt vorbohren, damit sich die Brettenden nicht spalten.

Wasserfester Holzleim garantiert bei den Eckverbindungen zusätzliche Stabilität.

Der festgespannte Innenkasten bestimmt das Maß für die Frontblende.

Ein Farbanstrich ist nur aus dekorativen Gründen erforderlich.

Aluminium einfach zu bearbeiten

Es ist nicht schwierig, solche Metallhaken selbst herzustellen, denn korrosionsfestes Aluminium lässt sich leicht bearbeiten. Zuerst die Befestigungsbohrungen herstellen und den Grat an den Bohrlochrändern mit dem Senker entfernen. Zum Abwinkeln in den Schraubstock spannen und möglichst mit Heißluft erhitzen, sonst könnte die Metalloberfläche beim Biegen aufreißen. Exakt scharfkantige Winkel erzielt man mit Hammerschlägen auf einen Unterlegklotz aus Hartholz, der die Kraft der Schläge eng an der Biegestelle wirken lässt.

Auch auf dem Balkon ist ein geeigneter Platz für Würzkräuter in Töpfen. Mit der Anstaubewässerung gibt es keine Probleme mit tropfenden Blumenkästen.

Mit einem Reststück die genaue Position des Winkelprofils bestimmen.

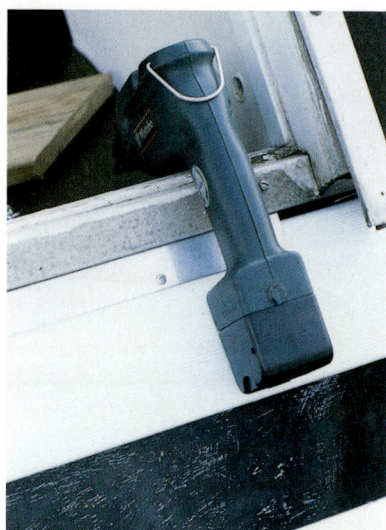

Die elegante Lösung der Verbindung zum Fenster: das durchgehende Winkelprofil.

Diese Lösung lässt mehr Platz zwischen Pflanzen und Fensterflügel.

Blumenschmuck an der Balkonbrüstung ist beliebt, verlangt jedoch auch einige Pflege. Mit Pflanzen in einzelnen Töpfen wird die Pflege etwas einfacher.

Praxisstipp

Für die Anwendung der Würzkräuter gibt es keine festen Regeln. Die folgende Auswahl soll nur eine kleine Anregung bieten.

- Bergbohnenkraut: die harten Blätter entweder sehr fein schneiden oder mitgaren. Der Strauch wirkt häufig geschnitten fast wie ein Bonsai.
- Kerbel: robuster Ersatz, wenn Petersilie nicht wachsen will. Absolut frosthart.
- Oregano: entfaltet vor allem getrocknet sein besonderes Aroma.
- Petersilie, glatt: blüht erst im zweiten Jahr und treibt deshalb dann auch mehr Blätter. Die glatte Petersilie ist wesentlich aromatischer als die krause Art.
- Pimpinelle: Blätter von oben nach unten abstreifen und roh verwenden.
- Rosmarin: unbedingt frostfrei überwintern. Ganze Zweige (Neuzuwachs) ernten.
- Salbei: enthält besonders magenfreundliche Bitteraromen.
- Schnittlauch: treibt nach Frost in Innenräumen besser aus. Lässt sich notfalls, Wurzelballen im Plastikbeutel, vom Tiefkühlgerät täuschen.
- Thymian: zupfen Sie die Blättchen am besten mit einer Pinzette. Für die ganze mühevolle Arbeit wird man aber später mit einem unnachahmlichem Aroma entschädigt.

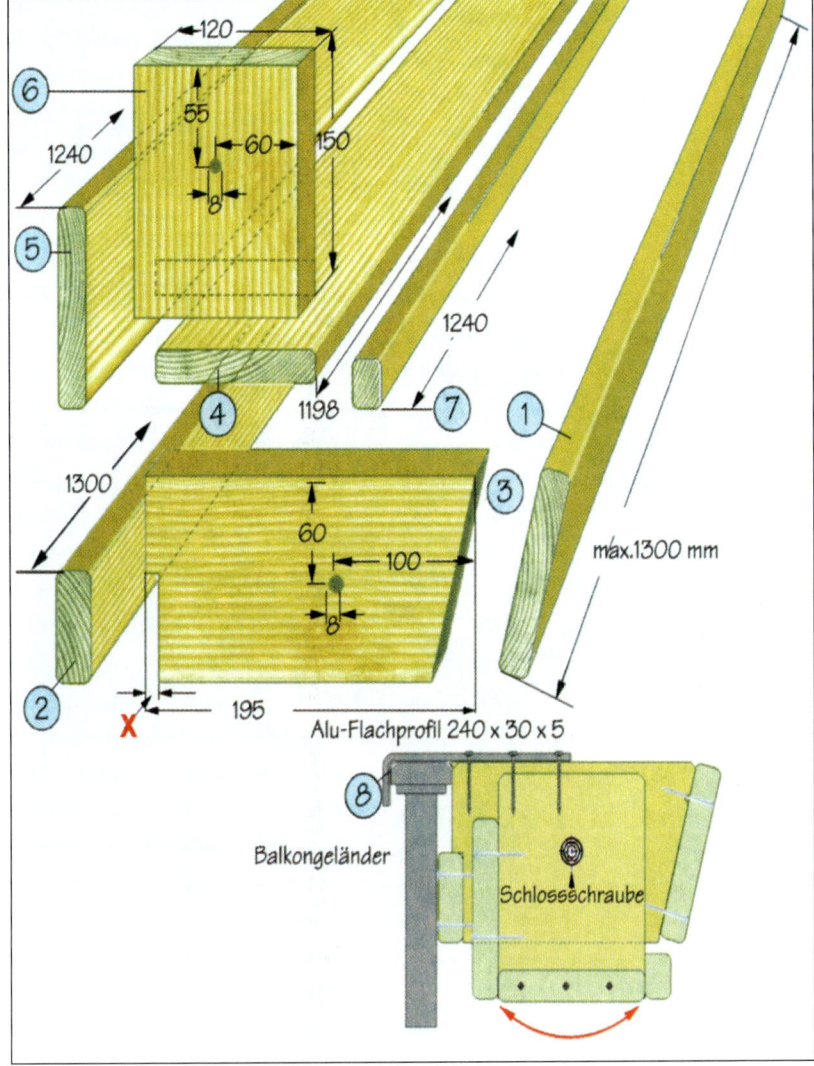

Balkonkasten: Frontblende (1), Rückblende (2), Außenseiten (3), Boden (4), Innenrück-wand (5), Innenseiten (6), Randleiste (7), Alu-Flachprofile (8).

Kurze Winkelprofile schützen das Werk-stück vor allzu hartem Zugriff durch die Schraubstockbacken. Aufgeheizt lässt sich das Aluminium risikoloser abwinkeln.

Holzschrauben aus Edelstahl garantieren dauerhafte Verbindungen.

Profitipp

Um Feuchtigkeit besser zu speichern, dichten Sie den Boden des Trogs mit Schwarz-folie ab, legen Sie darauf ein Polyestervlies und darüber eine perforierte Folie. Die-ses System wird auch im professionellen Gartenbau häufig angewandt. Mehr als sieben 14er Töpfe sollten aber nicht in einem 130 cm langen Kasten stehen. Die Wasseraufnahme aus dem Speicher funktioniert mit Plastiktöpfen weniger gut als mit Tontöpfen, denn Letztere saugen Was-ser auf und geben es an die Wurzeln wei-ter. Bei normalen Plastiktöpfen kann die Feuchtigkeit von den Wurzeln nur durch die Öffnungen im Topfboden aufge-nommen werden.

Anstrich mit dekorativer Lasurfarbe pas-send zur Balkonfassade.

Pfanzkasten für die Terrasse

Mit Zierpflanzen in Kübeln, Kästen und Containern werden Fassade und Terrasse schöner. Der Pflegeaufwand lässt sich durch besondere Kulturarten verringern. So haben Sie den ganzen Sommer über Freude an der Blütenpracht.

Die meisten Pflanzen wachsen in Erde und reagieren negativ auf stauende Nässe im Boden. Andererseits haben sie jedoch auch die Fähigkeit, sich mit speziellem Wurzelwerk aus purem Wasser oder Nährlösungen zu versorgen. Das nutzt man bei Zimmerpflanzen seit langem in Form von Hydrokultur. Auch im Freien ist dieses Prinzip anwendbar, im Allgemeinen in einer Kombination von Erd- und Wasserkultur.

Im Gegensatz zur reinen Hydrokultur behalten die Pflanzen dabei ihren Erdballen für das vorhandene Wurzelwerk. Aus diesem Ballen wachsen im Lauf der Zeit helle Saugwurzeln in den Wasservorrat, der bei gewerblichen Anbaumethoden auch eine spezielle Nährlösung sein kann.

Vorteile durch Wasservorrat und geringes Gewicht

Diese Mischmethode hat zwei Vorteile: Zum einen muss man weniger gießen, zum anderen sind die Pflanzgefäße wesentlich leichter. Aufgrund dieser Vorteile lassen sich so manche Zonen, wie z. B. Dachgärten oder große Pflanzcontainer erst überhaupt begrünen. Wegen des deutlich geringeren Gewichts können Sie relativ einfach Holzkästen als Pflanzgefäße selbst anfertigen. Vor allem an Fassaden wirken lange Kästen wesentlich großzügiger als mehrere kleine Einzelkästen. Abhängig vom zumutbaren Gewicht können Sie zwischen zwei Methoden wählen.

Bei Kästen, die mit Systemträgern oder

Profitipp

Im Blähton werden die Pflanzenwurzeln besser mit Sauerstoff versorgt als in Erde. Die Nährstoffe muss man jedoch dosiert zuführen. Dauerdünger, der sich nur sehr langsam löst und bei Durchschnittstemperaturen von +21 °C bis zu 6 Monate wirkt (Osmocote plus, 15% Stickstoff, 10% Phosphat, 12% Kalium, 2% Magnesiumoxyd), ist für Ziergehölze sparsam zu verwenden. Blühende Pflanzen erhalten zusätzlich ab und zu mit dem Gießwasser einen flüssigen Volldünger.

AUF EINEN BLICK!

Material

für einen Kasten 1600 mm lang, Gartenholz Kiefer (s. S. 84)

Pos.	Bauteil	Maße in mm	Anzahl
1	Frontblende	1600 x 120 x 21	1 Stück
2	Rückwand	1600 x 120 x 21	1 Stück
3	Außenseite	175 x 120 x 21	2 Stück
4	Boden	1554 x 120 x 21	1 Stück
5	Tragbalken	bis 4500 x 145 x 40	1 Stück
6	Aluminium-Flachprofil	210 x 25 x 4,0	2 Stück
7	Stockschraube	M10 x 140	je 2 Stück
	Unterlegscheiben	40 mm Ø	je 2 Stück
	Hutmuttern	M10	je 2 Stück
	Edelstahl- Holzschrauben	5,0 x 50	20 Stück
	Panhead- Holzschrauben	5,0 x 50	6 Stück

Mauerdübel, wasserfester Holzleim, Farblasur, Acrylfarbe, Abdichtfolie (Schwarzfolie), Blähton, Polyestervlies, evtl. Systemträger

Material

für einen Kasten 1500 mm lang, Gartenleimholz Kiefer (s. S. 85)

Pos.	Bauteil	Maße in mm	Anzahl
1	Frontblende	1500 x 145 x 40	1 Stück
2	Außenseite	210 x 145 x 40	2 Stück
3	Aluminium-Winkelprofil	40/20 x 4,0 x 40	2 Stück
4	Überlaufrohr	15 Ø x 1,0 x 200	1 Stück
	Sechskantkopfschraube mit Mauerdübel	6,0 x 40	2 Stück
	Edelstahl-Holzschrauben	6,0 x 100	6 Stück
	Panhead-Holzschrauben	5,0 x 50	4 Stück

Klinkerplatten, Farblasur, Blähton, Abdichtfolie (Schwarzfolie), Polyestervlies, Pflanzerde

Werkzeuge

Bohrmaschine, Wasserwaage, Schraubzwingen, Schraubendreher, Gabelschlüssel, Universalmesser, Hammer, Heißluftgebläse, Unterlegklotz, Schraubstock

Aufhängungen an der Fassade befestigt sind, muss man auf das Gewicht achten. Besonders dann, wenn man die Kästen im Winter an einen frostfreien Ort tragen möchte. Deshalb sollte das Baumaterial aus möglichst leichtem, kesseldruckimprägniertem Gartenholz bestehen.

Maße und Konstruktion lassen sich der Zeichnung entnehmen

Die Füllung besteht nur aus Blähton, und der Raum für den Wasservorrat ist knapp bemessen. Breiten Sie schwarze PE-Folie, zur Sicherheit mehrfach übereinander gefaltet, über dem Kastenboden mit einem 30 mm hohen Rand aus. Diese flache Folienwanne können Sie auch aus Teichfolie herstellen. Überschüssiges Wasser läuft hier einfach über den Rand und durch einen schmalen Spalt zwischen den Seitenwänden und dem Boden ab. Gezielter lässt sich das Wasser durch ein Überlaufrohr, wie beim Bodenkasten auf den folgenden Seiten, ableiten. Bis zum Folienrand füllen Sie den Kasten mit Blähton auf, der mit einer Lage Polyestervlies abgedeckt wird. Dieses verrottungs-

feste Material ist für neue Wurzeln kein Hindernis und verhindert, dass Erde in den Wasservorrat eingeschwemmt wird.

Tragfähige Befestigungen verwenden

Zum Aufhängen der Kästen wirkt ein durchgehender Tragbalken dekorativ und

schützt gleichzeitig die Fassade vor Spuren, z. B. von angelehnten Fahrrädern. Wenn man den Kasten direkt vor dem Mauerwerk befestigen muss, halten untergelegte Klötze den notwendigen Abstand. Für die Haken zum Aufhängen, aber auch aus optischen Gründen, sollten die Abstandshalter mindestens 15 mm dick sein.

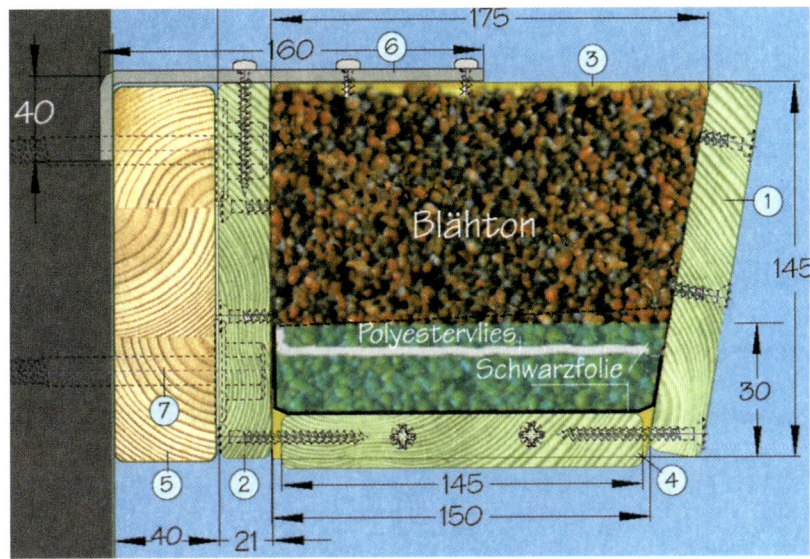

Damit der Kasten gerade am Tragbalken hängt, darf nur wenig Abstand zwischen Haken und Balkenfläche bleiben.

Ein Tragbalken für Blumenkästen lockert die Fassade optisch auf.

Mit Kerzenwachs am Gewinde lässt sich die Stockschraube leichter eindrehen.

Die Knarre auf zwei kräftig gekonterten Sechskantmuttern ansetzen.

Zum Fixieren notfalls Hilfskonstruktionen errichten.

Acrylfarbe hält auch auf unbewitterten Zinkflächen.

Auf knapp +500 °C erhitztes Aluminium lässt sich leicht abwinkeln.

Mit kräftigen Stockschrauben (Sanitärbefestigungen) in Mauerdübeln erreichen Sie eine sichere und tragfähige Befestigung. Damit die Dübellöcher im Mauerwerk präzise mit den Bohrungen im langen Tragbalken übereinstimmen, fixieren Sie den Balken korrekt ausgerichtet an der Fassade. So lassen sich die Bohrungen an den Balkenenden als Bohrschablone für die Mauerbohrungen nutzen.

Perfekte Dübelbohrungen bei Balken

Zunächst mit 10 mm vorbohren und nach dem Entfernen des Balkens die Dübelbohrung fertigstellen. Erst wenn sich der Tragbalken mit den ersten beiden Schrauben akkurat befestigen lässt, die restlichen Verbindungen herstellen.
Wenn Ihre Bohrmaschine bei sehr geringer Drehzahl kräftig genug ist, können Sie sie auch zum Eindrehen der Stock-

Zum Eindrehen der Schrauben vorbohren und Seitenflächen einspannen.

schrauben benutzen. Als Eindrehwerkzeug eine Gewindemuffe M10 auf einem kurzen Gewindestück ins Bohrfutter spannen. Für die anschließende Oberflächenbehandlung kann man ihn dann wieder abnehmen.

Fachgerechte Metallbearbeitung

Mit Haltewinkeln hängt der Kasten am Balken. Dafür lässt sich korrosionsfestes Aluminium leichter bearbeiten als Stahl. Zuerst die Befestigungsbohrungen herstellen und den Grat an den Bohrlochrändern mit dem Senker entfernen.

Zum Abwinkeln in den Schraubstock spannen und mit Heißluft heiß machen, da sonst die Metalloberfläche beim Biegen aufreißt. Exakt scharfkantige Winkel erzielt man mit Hammerschlägen auf einen Unterlegklotz aus Hartholz. Der Haken soll den Kasten mit nur wenig Spielraum am Balken halten. Zusammen mit einem Abschnitt vom Tragbalken und einem Kartonstück am Kasten festspannen und dann die Schrauben in vorgebohrte Löcher drehen.

Ökotipp

Nutzpflanzenanbau in Nährlösungen: Die natürliche Lebensgrundlage für Pflanzen ist und bleibt nährstoffreiche Erde. Der Anbau in Nährlösungen führt bei Nutzpflanzen zur Nahrungsmittelproduktion zwar zu optisch ansprechenden, aber verarmten Früchten, die zudem aus kommerziellen Gründen meist viel zu früh geerntet werden. Für den eigenen Garten ist dies kein nachahmenswertes Prinzip. Deshalb gelten die Empfehlungen zu dieser Methode ausschließlich für Zierpflanzen.

Ausgenommen, Sie bauen wenige Pflanzen in großen, mit hochwertiger Erde gefüllten Kübeln an und benutzen die Erde-/Wasser-Methode nur zur Notversorgung mit Wasser. Zum Beispiel für Tomaten, die man im Kübel auf diese Weise bei ungünstigem Wetter an einen besonders geschützten Standort bringen kann, damit sie voll ausreifen können und dann auch wie Tomaten schmecken.

Ein dreiseitiger Rahmen reicht für einen Pflanztrog vor der Wand.

Wenige Schrauben genügen für Eckverbindung und Befestigung am Mauerwerk.

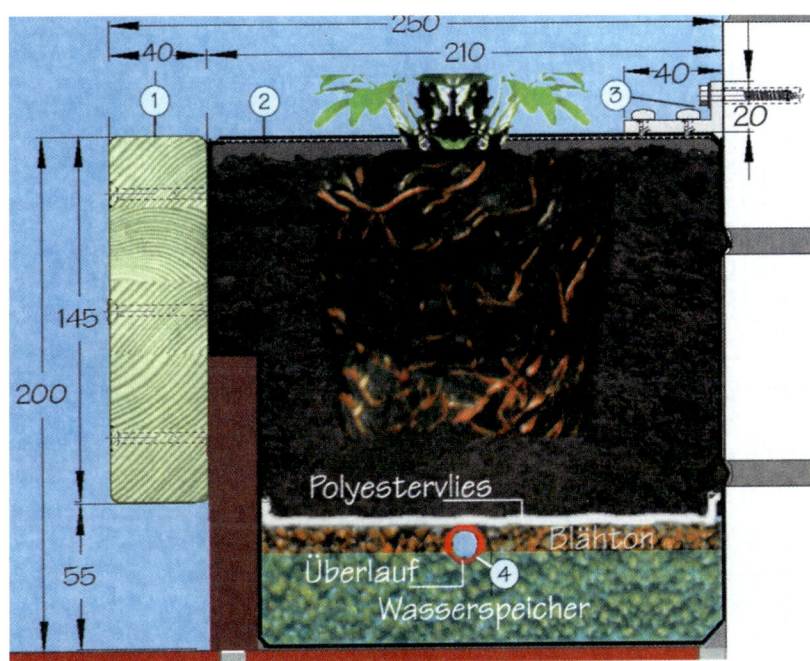

Schwarzfolie schützt Wand und Holz vor zu viel Nässe.

Wenig Aufwand in Bodennähe

Für Pflanzkästen in Bodennähe, z. B. unter einem Rankgitter über der befestigten Terrasse, genügt ein dreiseitiger Holzrahmen. Da ein solcher Pflanzkasten kaum Gewicht zu tragen hat, reichen einfache, geschraubte Eckverbindungen und Befestigungen mit Aluwinkeln an der Wand aus. Der große Holzquerschnitt von 145 x 40 mm erlaubt Längen bis 1500 mm ohne Zwischenwände. In den Rahmen gelehnte Klinkerplatten schützen die anschließend als Wanne eingelegte Schwarzfolie (PE-Folie, 0,2 mm dick) vor Tageslicht und Beschädigung. Die Folie soll ringsum großzügig bis über den oberen Rand reichen. So bildet sie eine wasserdichte Wanne über dem Boden und schützt Holz und Mauerwerk vor übermäßiger Nässe. Anschließend decken Sie die Folie mit Vlies ab. Durch ein kurzes Kunststoff- oder Alurohr direkt unter dem Vlies kann überschüssiges Wasser abfließen. Den restlichen Raum mit Pflanzerde auffüllen und erst nach einigen Tagen die überstehende Schwarzfolie abschneiden. Die gewässerte Füllung setzt sich noch etwas und kann dabei die Folie mitziehen.

Lose in den Rahmen gestellte Klinkerplatten erweitern den Wurzelraum. Die Platten an der Außenfläche zum Einfüllen von Blähton und Erde an einem Brett blockieren.

Clematis und Kletterhortensien im Blähton über dem Wasserspeicher.

Herkömmliches Wurzelbett mit Pflanzenerde für Kletterpflanzen.

Frühbeetkasten

Wind, Frost und

Niederschläge können

das Pflanzen-
wachstum

verzögern und

vor allem

Jungpflanzen

schaden.

Auch wärme-

liebende

Heil- und
Würzkräuter

gedeihen an

geschütztem

Standort – wie

einem hellen

Frühbeetkasten
aus Plexiglas

– besser.

In einem hellen, wärmespeichernden Kasten sind sie am besten untergebracht. Plexiglas-Stegdoppelplatten sind geradezu ideal für einen so genannten »kalten Kasten«. Sie sind jahrzehntelang wetterbeständig und speichern in ihren großen Luftkammern die Wärme. Das kann man von einem Kasten aus dünnen PVC-Stegplatten nicht erwarten, der noch dazu sehr windanfällig ist.

Freier Zugang zur Pflanzen- und Bodenpflege

Die Abdeckung sollte man zum Arbeiten ganz wegklappen können. Auf diese Weise können Sie auch die Sonnen- und Regenexposition Ihrer Pflanzen nach Wunsch regulieren.
Stellt man den Kasten auf eine 10 cm hohe Beeteinfassung aus Faserzement-streifen, kann der Kasten bei 300 mm Höhe auch 800 mm breit werden. Steht er dagegen direkt auf dem Erdboden, kann er höchstens doppelt so breit wie hoch werden.

Im Gegensatz zu Frühbeeten mit Abdeckungen aus alten Fenstern ist solch ein Kasten mobil. Er lässt sich bei Bedarf leicht an einen anderen Standort versetzen.

Plexiglaszuschnitt mit Heimwerkermitteln

Die Seitenteile beim Plexiglasverarbeiter möglichst aus 600 mm breiten Platten zuschneiden lassen. So erhält man ringsum an den Oberseiten geschlossene Plattenkanten. Der Zuschnitt mit Fuchsschwanz (gehärtete »blaue« Zähne) oder Handkreissäge, mit scharfem Hartmetallblatt, ist auch möglich.

An den Deckeln die Ecken für die dazugehörigen Profile anzeichnen und mit Hand- oder Stichsäge ausschneiden. Sägespäne gleich anschließend mit dem Staubsauger aus den Kanälen der Platte blasen.

Die einzelnen Aluprofilabschnitte für den Rahmen genau aufzeichnen und mit der Handsäge oder Stichsäge im Zusatztisch ablängen. Ein exaktes Ankörnen der Bohrlochmittelpunkte dient in jedem Fall der Genauigkeit. Dies gilt auch für das Einspannen, beim

AUF EINEN BLICK!

Material
für einen Kasten 1200 x 800 mm aus Acryl-Stegdoppelplatten 16 mm farblos und Alu-U-Profilen.

Pos.	Bauteil	Maße in mm	Anzahl
1	Seiten	1204 x 298 x 16	2 Stück
2	Stirnseiten	754 x 298 x 16	2 Stück
3	Deckel	1244 x 420 x 16	2 Stück
	Aluminium-U-Profile	20 x 20 x 20 x 2:	
4	Stirnprofile	300 x 20/20 x 2	18 Stück
5	Scharnier- und Fußprofile	45 x 20/20 x 2	8 Stück
6	Abschlussprofile		
	SDP 16 Standardlängen 600		4 Stück
7	Scharnierachsen	400 x 6 Ø	4 Stück
8	Deckelstützen-		
	zuschnitte	250 x 50 x 6	2 Stück

Zubehör
16 Ösenschrauben M5x 25 mit Muttern und U-Scheiben, 8 Muttern M6, Schlossschrauben M8 x 25 mit Flügelmuttern und U-Scheiben, 30 Blindnieten 4,0 x 10 Aluminium

Werkzeuge
Fuchsschwanz, Handkreissäge, Stichsäge, Bohrmaschine, Körner, Spiralbohrer, Senker, Maschinenschraubstock, Schraubstock, Rundeisen, Schonhammer, Lötbrenner, Zange, Gewindeschneider, Blindnietzange, Metallsägeblatt

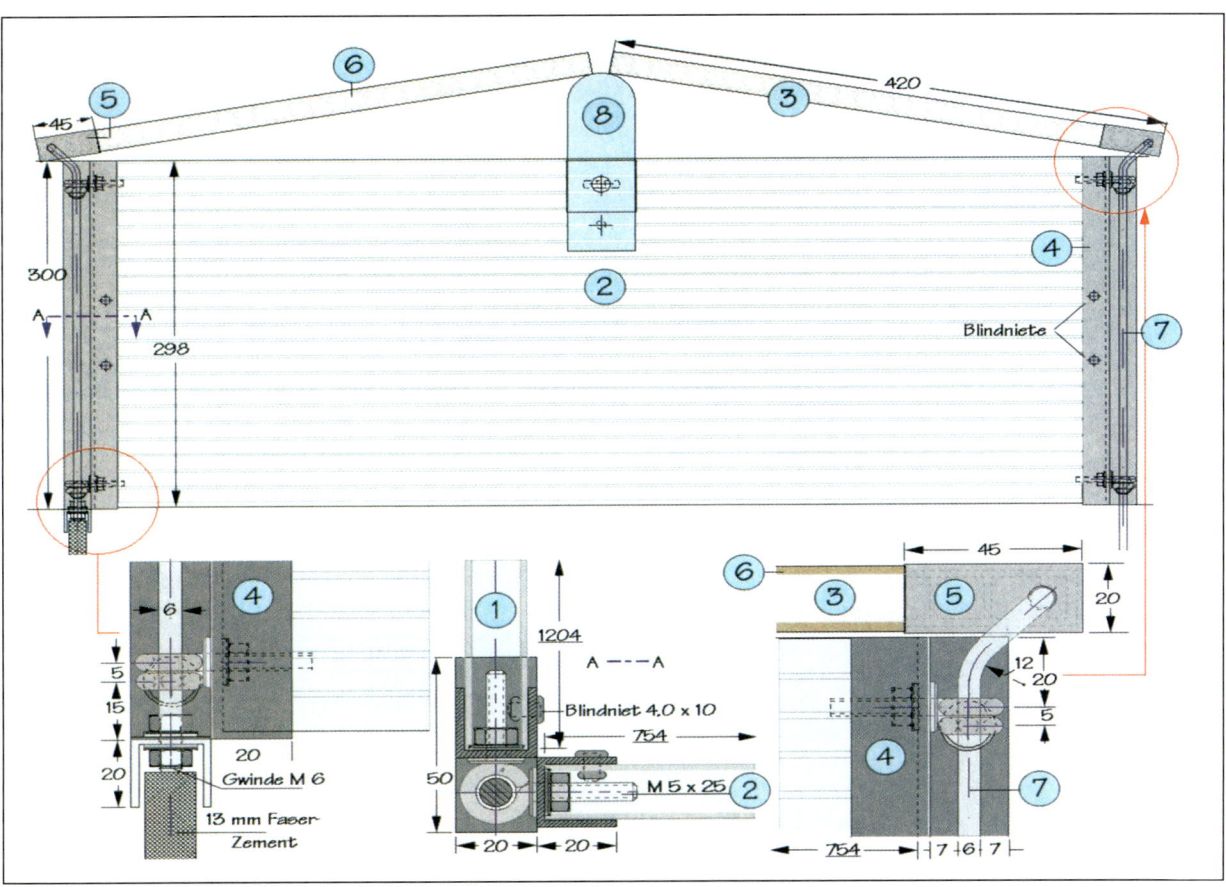

Blindniet auf der Innenseite der Elemente einziehen. Zwei Nieten im 50 mm Abstand auf halber Höhe genügen.

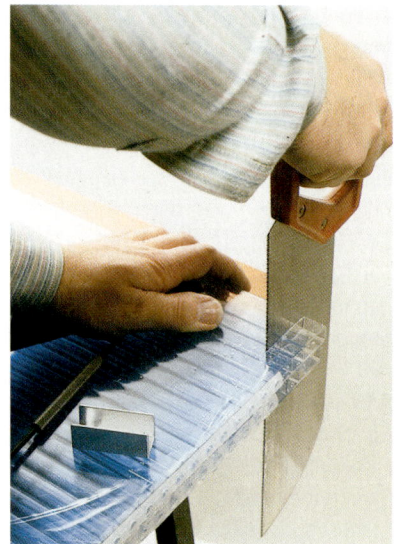

Ausschnitte mit sehr feinzahnigem und scharfem Sägeblatt herstellen.

Packklebeband schützt die Plattenoberfläche, wenn die Schutzfolie fehlt.

Einfache Metallverarbeitung

An den Scharnierachsen die Enden, im Schraubstock eingespannt, zunächst um 90 Grad abwinkeln und dann entsprechend der Zeichnung um 45 Grad zurückbiegen. Beim Erhitzen spürt man an der Zange in der Hand, wenn die Materialspannung nachlässt. Dann kann das Rundprofil mit Schonhammer oder Hartholzklotz als Zwischenlage eng um den Rundstab geschlagen werden. Dieser Vorgang erfordert etwas Augenmaß.

Zur Kontrolle die Stäbe in die Ösen und die Scharnierprofile stecken. Wenn beide Profile eng aneinander liegen können, haben die oberen Enden die richtige Kröpfung. Alle U-Profile so befestigen, dass ein feiner Spalt zwischen Plattenkante und Profil bleibt, damit mögliches Kondenswasser verdunsten kann.

Bohren der Profile im Maschinenschraubstock. Der Bohrerdurchmesser für die Ösenschrauben beträgt 5,0 mm. Diese sollen, da sie nur mit einer Mutter befestigt sind, stramm ins Bohrloch passen. Die Scharnierlöcher mit einem Durchmesser von 6,5 mm bohren und mit dem Senker sorgfältig entgraten.

Verbindungstechnik Blindniete

Zwei Blindnieten im 50 mm Abstand auf halber Höhe genügen, um die U-Profile an den Stirnkanten zu fixieren. Damit verhindert man Schäden, weil sich Aluminium und Acrylglas bei Wärme zu unterschiedlich ausdehnen.

Die Blindnieten langsam und gefühlvoll anziehen, damit das Material nicht platzen kann. Von der Schutzfolie nur am Rand einen schmalen Streifen lösen und abschneiden, um die Folie erst nach dem Zusammenbau ganz zu entfernen. Störende Stege sägt man mit einem schmalen Metallsägeblatt an und bricht sie mit einer Zange aus.

Im dargestellten Beispiel erhalten die Achsen am unteren Ende ein Gewinde, um sie mit dem Fußprofil zu verschrauben. Wo der Kasten direkt auf der Erde stehen soll, die Achsen als Erdspieße etwa 600 mm lang lassen, damit man sie zur Sicherung des Pflanzkastens wenigstens 30 cm tief in die Erde stecken kann.

In der aufgeklebten Grundplatte ist die Schlossschraube für die Deckelstützen fest eingeklebt.

Zusammengeklemmt lassen sich die Markierungen für die Bohrlöcher auf den Profilen exakter kennzeichnen.

Profitipp

Die Verrottungswärme aus einer dicken Schicht Mist oder auch schon gut angerottetem Kompost, unter einer wenigstens 15 cm dicken Erdschicht, schützt Sämlinge vor »kalten Füßen«. Mit einem schützenden Gehäuse über dieser Fläche schaffen Sie ein so genanntes Mistbeet oder »warmen Kasten« mit günstigen Voraussetzungen.

Deckelstütze für die Belüftung

Zur Belüftung eine drehbare Stütze aus 6 mm dickem Plexiglas einbauen. Ein quadratisches Stück 60 x 60 mm bekommt in der Mitte eine Stufenbohrung, 15 mm tief und 8 mm Durchmes-

ser. Der Kopf der Schlossschrauben M 8 x 25 soll ganz hineinpassen. Die Stütze, 200 mm lang, erhält am oberen Ende eine Rundung für die Deckelauflage und zwei Bohrungen 8 mm Durchmesser im Abstand von 30 mm. Sie wird durch eine Flügelmutter in der gewünschten Stellung gehalten.

Gewinde am unteren Ende der Achsen für die Montage der Fußprofile.

Die Scharnierachsen einspannen und erhitzen. Mit dem Schonhammer über ein12 Ø Rundeisen biegen.

U-Profile für die Scharnierdrehpunkte aufschieben und mit einer Blindniete befestigen.

Die Eckverbindung mit dem Drehpunkt für die Deckel.

Kleingewächshaus

Pflanzenanbau im Freiland

ist in unseren Breiten

höchstens

sechs Monate

im Jahr möglich.

Wer diesen Zeitraum

ausdehnen kann,

hat das

ganze Jahr über mehr vom Garten.

Mit einem

kleinen Gewächshaus

können Sie auch

in der kalten

Jahreszeit die

Früchte und Blüten des Sommers

genießen.

Ob zur Frühkultur, zur Pflanzenanzucht oder zur Kultivierung wärmeliebender, empfindlicher Pflanzen – ein Kleingewächshaus, das sich an eine warme Südwand anlehnen kann, bietet ideale Voraussetzungen für eine faszinierende, freizeitfüllende Liebhaberei.

Ein stabiles Fundament, eine tragfähige Unterkonstruktion aus Aluminiumprofilen, korrosionsfeste Beschläge und Verbindungselemente aus Edelstahl sowie wärmedämmende Plexiglas-Stegdoppelplatten für Dach und Wände ist die sinnvolle Konstruktion. Der einmalige Aufwand gilt schließlich für viele Jahre, in denen die Ansprüche an das Gewächshaus in der Regel steigen.

Pflanzen im Boden und auf Tischen

Der dargestellte Vorschlag bietet bei gut 3 Quadratmeter Grundfläche und rund 6 Kubikmeter Rauminhalt ein optimales Verhältnis zu den insgesamt fast 5 Quadratmeter Kulturfläche auf Grundbeeten und Tischflächen. Ein Beetwegelement und Streifen von Faserzementtafeln rahmen die Grundbeete ein. Die Wandborde und der freitragende Tisch für Pflanzgefäße ruhen auf Hewi-Regalstützen.

Kurze Abschnitte von Betonschalbrettern werden von L-Profilen getragen. Die Bretter lassen sich zum Reinigen oder beim

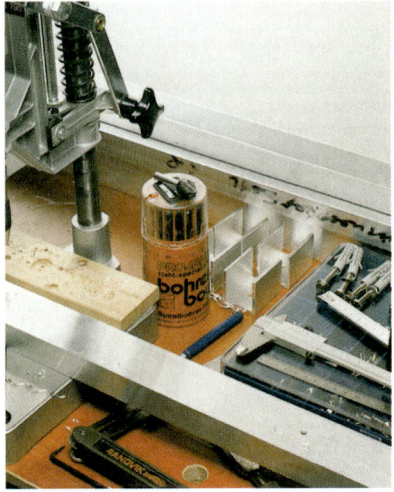

Zur Metallverarbeitung gehören Spiralboh-rersatz, Senker und genaue Messzeuge.

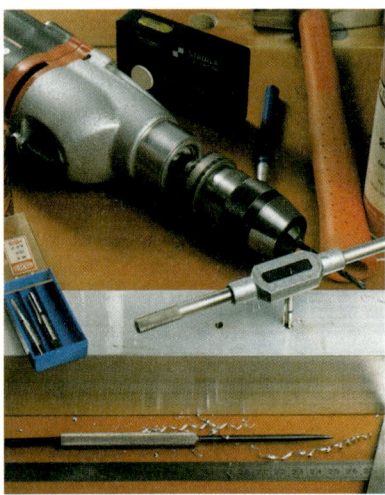

Gewindeschneiden ist auch mit einfacher Ausrüstung möglich.

Hochwachsen großer Pflanzen aus den Grundbeeten herausnehmen.

Zu viel Wärme lässt sich mildern

Die unbedingt notwendige Entlüftung kann man mit einem Ventilator weit bes-ser steuern als mit aufwendig herzustel-lenden Fenstern. Meist bleiben für die Zuluft genügend offene Fugen. Nur wenn das Haus für eine Beheizung abge-dichtet und isoliert wird, ist eine Extra-Zuluftöffnung vorzusehen.

Schattiereinrichtungen aus grobmaschi-gem Kunststoffgewebe, selbsttätige Be-wässerungssysteme und die Stromversor-gung für die automatische Steuerung von Licht, Luft, Wasser und Wärme sind Einrichtungen, die je nach Anspruch erforderlich werden.

Schon im Winter beginnen

Da sich die Arbeiten in zwei Abschnitte teilen lassen, kann die Vorbereitung von Unterkonstruktion und Verglasung auch in den Wintermonaten in Werkstatt oder Garage erfolgen. Die Vorbereitung der Aluminiumprofile besteht im Zuschnitt und Herstellen von Aussparungen. Ver-bindungs- und Gewindebohrungen er-

An zusammengespannten Profilen stim-men die Bohrungen für die Blindnieten exakt überein.

Im Gewächshaus geschützt, lassen sich alle Pflanzen für das Freiland vorziehen. Das verkürzt die Zeit bis zur Ernte erheb-lich.

stellen Sie gemäß den Abbildungen und Zeichnungen. Der Abstand für die Befes-tigungen der SDP-Profilsprossen sollte 300 mm nicht übersteigen. Für die Ver-bindung zwischen Firstpfette und Dach-sparren schneiden Sie ein Gewinde in das U-Profil, da der Schraubenkopf bei mon-tiertem Wandprofil nicht mehr erreich-bar ist.

Den Eingang an die wetterabgewandte Seite legen

Der Gewächshauseingang ist eine als Tür zu öffnende Giebelwand. Die nach den Maßen des fertig montierten Gerüstes zugeschnittene, 40-mm-Stegdoppelplat-

te bietet durch ihre Festigkeit eine ideale Türfläche. Lediglich für die Scharniere ist eine Längskante durch ein eingeschobe-nes Vierkantprofil zu verstärken. Die zugeschnittenen Außenkanten schützen Sie mit aufgesteckten und vernieteten Abschlussprofilen. Die Tür ist auch der Platz für den Abluftventilator. Da Fenster-Einbauventilatoren nur für maximal 4 mm dickes Glas gerüstet sind, ist ein entspre-chend großer Ausschnitt in der SDP erfor-derlich. Seine Kanten werden mit aufge-klebten Plattenstreifen abgedeckt. Der Ventilator lässt sich dann in einer aufge-klebten 3-mm-Platte einbauen. Für die Profilverbindungen verwenden Sie am besten Schrauben M 5 x 15 mit Sechs-kantkopf.

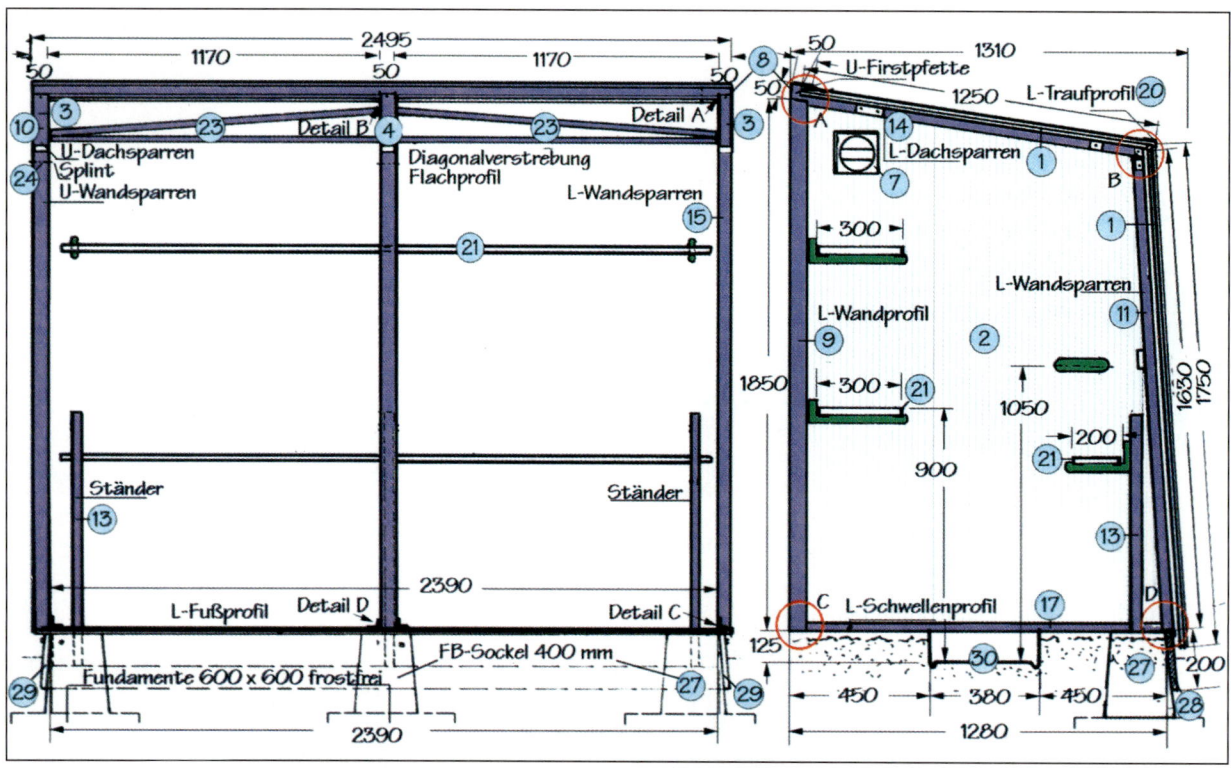

Frontal- und Seitenansicht des Kleingewächshauses mit den exakten Abmessungen.

AUF EINEN BLICK!

Materialliste

für ein Anlehngewächshaus auf der Grundfläche 2500 x 1350 mm aus Plexiglas-Stegdoppelplatten (farblos oder farblos strukturiert) auf Aluminiumprofilen. Zuschnitt nach tatsächlichen Maßen am Objekt.

Pos.	Bauteil	Maße in mm	Anzahl
1	Dach-/Wandflächen	3000 x 1200 x 16	2 Stück
2	Giebelflächen	1850 x 1232 x 40	2 Stück
3	Randsprossen mit Klemmprofil		
	Standardlänge 3000		2 Stück
4	Profilsprosse mit Klemmprofil		
	Standardlänge 3000		1 Stück
5	Abschlussprofile für SDP 16		
	Standardlänge	1250	4 Stück
6	Abschlussprofile für SDP 40		
	Standardlänge	1250	5 Stück
7	3-mm-Plexiglas für Ventilatoreinbau		
	U-, Winkel(L)-, Flachprofile, Aluminium		
	blank gezogen:		
8	Firstpfette U-Profil	50 x 50/4 x 2495	1 Stück
9	Wandprofile U-Profil	50 x 50/4 x 1850	2 Stück
10	Dachsparren U-Profil	50 x 30/4 x 1255	2 Stück
11	Wandsparren U-Profil	50 x 30/4 x 1630	2 Stück
12	Wandprofilträger		
	U-Profil	40 x 40/4 x 60	6 Stück
13	Ständerprofile		
	U-Profil	40 x 40/4 x 1100	3 Stück
14	Dachsparren L-Profil	50 x 30/4 x 1255	1 Stück
15	Wandsparren L-Profil	50 x 30/4 x 1630	1 Stück
16	Wand-Fußprofil		
	L-Profil	30 x 15/3 x 2400	1 Stück
17	Schwellenprofil		
	L-Profil	30 x 30/4 x 1200	1 Stück
18	Ausgleichprofil		
	L-Profil	40 x 10/2 x 2495	1 Stück
19	Wassernasenprofil		
	L-Profil	15 x 15/2 x 249	5 Stück
20	Traufprofil L-Profil	20 x 15/2 x 1200	2 Stück
21	Regalprofile L-Profil	40 x 20/3 x 2200	6 Stück
22	Füllprofil Vierkantrohr	30 x 15/3 x 1850	1 Stück
23	Flachprofil-Diagonal-		
	streben	25 x 5 x 2800	2 Stück
24	Splinte	120 x 6 Ø	4 Stück
25	Winkelprofil-		
	abschnitte	50 x 30/4 x 50	12 Stück

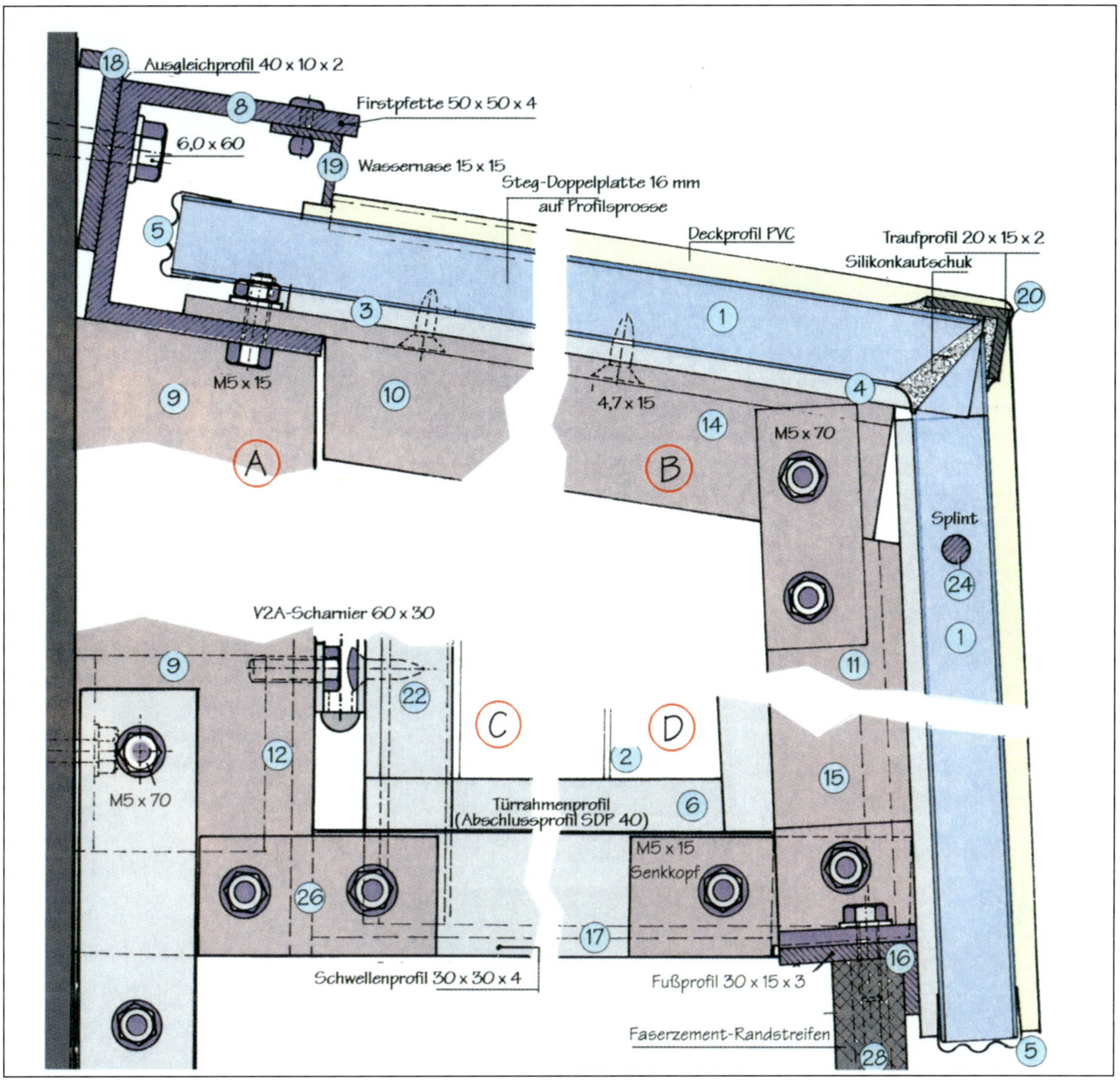

Ausgleichprofil 40 x 10 x 2

Firstpfette 50 x 50 x 4

6,0 x 60

Wassernase 15 x 15

Steg-Doppelplatte 16 mm
auf Profilsprosse

Deckprofil PVC

Traufprofil 20 x 15 x 2

Silikonkautschuk

M5 x 15

4,7 x 15

M5 x 70

Splint

A

B

V2A-Scharnier 60 x 30

C

D

M5 x 70

Türrahmenprofil
(Abschlussprofil SDP 40)

M5 x 15
Senkkopf

Schwellenprofil 30 x 30 x 4

Fußprofil 30 x 15 x 3

Faserzement-Randstreifen

Befestigungen und Halterungen für den sicheren Stand Ihres Kleingewächshauses.

Fertigbetonsockel stehen auf frostfrei gegründeten Punktfundamenten aus Magerbeton.

Streifen von Faserzementtafeln schließen das Haus zum Boden hin ab.

Fußprofil Verbindungswinkel auf den Tafelstreifen in Gewindedübeln befestigen.

Schwellenprofil und Tafelstreifen hängen mit Laschen am Wandprofil.

Im Bereich der Türscharniere eine eigene Verbindung zur Wand herstellen.

Dach- und Wandsparren, für die Profilsprossen gebohrt, mit den Diagonalstreben.

Ständerprofile, genau ausgerichtet, mit Schnellzement in den Sockeln vergießen.

Stegplatten zuerst nur einschneiden und mit dem zweiten V-Schnitt trennen.

Geeigneten Silikonkautschuk für die Fuge und zum Aufkleben der Traufprofile verwenden.

Schrauben verbinden die Profile

Bauen Sie in die Profile für die Giebel nur Senkkopfschrauben ein, damit sich Tür oder Giebelplatte ungehindert einschieben lassen. Das gilt auch für die Verbindung zwischen Sparrenprofil und SDP-Profilsprosse. Für die Befestigung der Wandprofile und die Verbindungen am Mittelsparren durchgehende, 70 mm lange Schrauben einsetzen. Die Unterlegscheiben unter den Muttern müssen ebenfalls aus Edelstahl sein, um Schäden durch Fremdrost auszuschließen. Verzinkte Schrauben sind dem dauerfeuchten Klima in einem Gewächshaus auf Dauer nur bedingt gewachsen.

Die Anfertigung der Diagonalverstrebungen: Spannen Sie die Dachsparren im richtigen Abstand parallel auf eine Platte und passen Sie die gebogenen Streben spannungsfrei zwischen den Profilen ein. Mit dem Flüssiggasbrenner aufgeheizt, lässt sich das Profil auch in engeren Radien biegen. Anstatt die Profile zu biegen,

Die Profilkonstruktion ist fest mit dem Fundament verbunden.

können Sie die Verstrebungen auch mit etwas aufwendigeren Winkel- oder U-Profilen herstellen und mit Verbindungswinkeln montieren.

Frostfreie Punktfundamente als solide Basis

Richten Sie die Wandprofile genau senkrecht und waagerecht zueinander aus, bevor Sie sie montieren. Die Firstpfette befestigen Sie entsprechend dem Wandbaustoff mit Schwerlastdübeln. Anschließend richten Sie die vorbereitete Ständerkonstruktion auf dem maßgerechten Fundament auf. Zum Einschieben der feststehenden Giebelfläche müssen Sie den Wandsparren allerdings noch einmal lösen. Die Bohrungen im Außenschenkel des Dachsparren-U-Profils sind für die Schraubverbindungen am Innenschenkel erforderlich. Stegdoppelplatten unterliegen bei Temperaturschwankungen beträchtlichen Maßänderungen, was Sie bei der Konstruktion und bei der Montage berücksichtigen sollten. In den Profilsprossen ist genügend Raum für die Änderungen in der Plattenbreite.

Materialabhängige Konstruktion

Da die Wand- und Dachplatten mit einer Gehrungsfuge und einem Winkelprofil als Verstärkung im Traufbereich fest miteinander verklebt sind, brauchen die Platten in diesem Bereich eine tragende Befestigung. Sie hängen auf eingesteckten Splinten. Zum Durchbohren der Stege für den 6-mm-Splint eine Schablone aus Winkelprofil anfertigen und äußerst vorsichtig und feinfühlig mit einem überlangen, spitz angeschliffenen 6,5-mm-Bohrer bohren. Die Längenausdehnung kann

Praxistipp

Im Heimwerkermarkt werden selten Aluminiumprofile mit den erforderlichen Querschnitten angeboten. Blank gezogene Profile bekommen Sie im Kleinverkauf vom Fachhandel oder beim Metallbau. Dort kann man Ihnen das Material auch gleich sauber auf die richtige Länge zuschneiden.

so entweder in den Hohlraum der Firstpfette oder nach unten hin erfolgen.

Die Innenstege am PVC-Abdeckprofil im Traufbereich schräg ausschneiden, damit sich das Profil, mit Heißluft erwärmt, fugenlos über die Ecke gebogen befestigen lässt.

Abgewandelte Dachkonstruktion

Die elegante, aber etwas aufwendige Konstruktion der durchgehenden Dach-

Das PVC-Klemmprofil schmiegt sich fugenlos um die Traufkante.

Im Gewächshaus gibt es die erste Ernte, wenn im Nutzgarten noch nichts richtig reifen will.

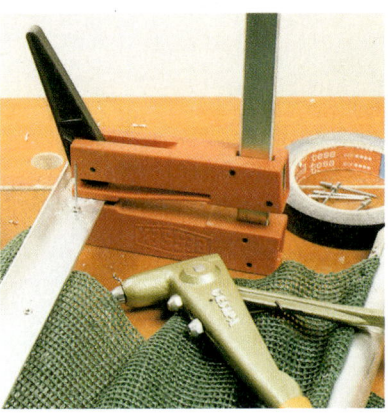
Schattiergewebe mit Alu-Profilen zu einer leichten Markise verbinden.

Wandfläche lässt sich durch eine ca. 60 mm überstehende Dachfläche etwas vereinfachen. Wird das Gewächshaus jedoch beheizt, wirkt sich die Fuge zwischen Dach und Wand nachteilig aus, weil nur eine eingeschränkte Abdichtung möglich ist.

Plexiglas-Stegdoppelplatten bekommen Sie beim Plexiglasverarbeiter (Stichwort in den Gelben Seiten) und Faserzementzuschnitte im Baustoffhandel mit Trennanlage für Faserzementtafeln.

Ein Rechteckrohr in der äußeren Kammer übernimmt die Last der Türplatte.

Doppelkugelschnäpper im massiven Messinggehäuse als Türverschluss.

Wenn es unterm Dach zu warm wird, kann ein Schattierrollo zuviel Sonne mildern.

Natur pur

Immer mehr Leute legen heutzutage Wert auf gesunde Ernährung. Was liegt da näher als der Anbau von Obst und Gemüse im eigenen Biogarten oder Hochbeet. Ökologisches Gärtnern lohnt sich, und die dafür notwendigen Bodennährstoffe gewinnen Sie aus dem hauseigenen Komposter.

Kompostlege als Hochbeet

Pflanzen mit hohem Nährstoffbedarf, die so genannten Stark-zehrer, wachsen in normaler Bodenkultur oft nur mäßig. Dagegen entwickeln sich auf dem als Hochbeet angelegten Komposthaufen die gleichen Arten prächtig.

Gartenkompost ist der wichtigste Naturdünger und Bodenverbesserer für den eigenen Garten. Er ist die Grundversorgung für die Gartenerde, mit der die Nährstoffe in den Boden zurückkehren, die vorher durch das Pflanzenwachstum dem Boden entzogen wurden.

Bei normaler Kompostierung können die Pflanzenrückstände aber frühestens im übernächsten Jahr wieder auf die Beete zurück. Deshalb ist es sinnvoll, auch die Kompostlege zu bepflanzen.

Kompostbehälter für kleine Grundstücke

Für große Gartenflächen mit viel Pflanzenresten kann man Kompostmieten aufbauen. Dabei entstehen durch Umsetzen einzelner Abschnitte in unterschiedlichen Zeiträumen verschieden nutzbare Kompostarten. Aber auch auf einem klei-nen Grundstück gibt es so viel Pflanzenreste, dass sich damit eine etwa einen Kubikmeter fassende Kompostlege füllen lässt. Die Einfassung kann man mit Holz so gestalten, dass sie im Garten nicht wie ein Fremdkörper wirkt. An weniger einsehbaren Plätzen kann man natürlich auch die üblichen Kompostgitter aus Streckmetall verwenden.

Fester Standort für das Komposthochbeet

Zunächst heben Sie am Standort die brauchbare Erde aus. Diese Grube kann auch tiefer werden, falls von der Einfassung wenig sichtbar bleiben soll. Die geringeren Temperaturen im Boden verzögern jedoch den Rotteprozess.

Wenn Sie die planebene Bodenfläche mit Klinkerplatten oder Betonsteinen belegen, lässt sich später der Kompost leichter restlos entnehmen. Etwa 10 mm breite Fugen hindern Wühler am Zugang, lassen aber Wasser und Würmer durch, denn diese möchten bei Minustemperaturen in tiefere Erdschichten flüchten.

Materialsparende Auswahl

Der Zusammenbau der kesseldruckimprägnierten Halbpalisaden oder Bretter entspricht dem des Palisaden-Hochbeets (siehe S. 128). Bei Palisaden werden oft die abgesägten, aber ebenfalls imprägnierten Schwarten als Zwischenlagen verwendet. Die Eckverbindungen zwischen den Seitenteilen lassen sich mittels Alu-Winkelprofilen oder Eckleisten herstellen. Spanndrähte verhindern, dass sich die Seitenwände im Lauf der Zeit nach außen biegen. Anstatt mit Drähten können Sie die Seitenwände auch mit einem flach auf die Palisaden geschraubten Deckbrett verbinden.

*Waagerecht geebneter Boden in der fla-
chen Grube ist der geeignete Standort.*

*Auf der waagerechten Bodenfläche die
Seitenelemente gerade aufstellen.*

Wechselnder Anbau auf zwei Kompostern

Zwei Kompostlegen sind in jedem Fall
günstiger als eine, denn sie lassen sich im
Wechsel füllen. Während Sie eine Kompostlege eine Saison lang als Hochbeet
nutzen, füllen Sie den anderen Behälter
mit Pflanz- und Nahrungsabfällen auf.
Bevor Sie das Hochbeet im Frühjahr
bepflanzen, sollte der Kompost einen
Winter unter einer 10 cm dicken Erdschicht ruhen.

Die Pflanzenreste sind dafür jedoch ein
wenig vorzubereiten, damit der Zerset-
zungsprozess auch zügig vorankommt.
Grundsätzlich sollten sie so grün und saf-
tig wie möglich in die Kompostlege. Die
Mikrolebewesen brauchen viel Feuchtigkeit (aber keine Nässe) für ihr Werk. Krau-
tige Stengel sollten Sie in kurze
Stückchen schneiden und verholztes
Material möglichst fein häckseln. Kom-
posterflocken oder -vererder sind zusätzlich hilfreich, und ein paar Hand voll Gartenerde bringen neben den Lebewesen
auch gleich noch das notwendige Mine-
raliengemisch mit.

Pflege beschleunigt die Kompostierung

Um Gärung und Fäulnis zu verhindern,
graben Sie mit der Grabgabel ab und zu
um. Mit Steinmehlen können Sie den
Kompost mit wichtigen Mineralien (ins-

*Straff verdrillter Bindedraht verhindert
nach außen gedrückte Seitenwände.*

besondere Kalk) anreichern und Geruch
durch überschüssige Nässe binden.
Eine luft- und wasserdurchlässige Abdeckung, wie z. B. eine dicke Heuschicht,
alte Jutesäcke oder notfalls eine Mulchfo-
lie, schützt vor Austrocknung der oberen
Schichten. Vergessen Sie nicht, in
Trockenperioden die Kompostlege in die
Bewässerung miteinzubeziehen.

Rasenschnitt kompostieren

Sie können auch kleine Mengen frisches
Rasenschnittgut untermengen. In dickeren Schichten klebt Rasenschnitt jedoch
zusammen, fängt schnell an zu gären
und riecht nicht sehr fein. Wenn dieser
Prozess an einer abgelegenen Stelle
ablaufen kann, gibt es keinen Grund die
Reste später nicht trotzdem in der Kom-

*In die oberste Deckschicht aus verbesser-
ter Gartenerde wird im Frühjahr
gepflanzt.*

postlege zu verwerten. Zu Heu getrock-
neten Rasenschnitt können Sie jedoch
jederzeit kompostieren.

*Kürbispflanzen unterstützen die
Umwandlung von Pflanzenresten in ver-
wertbaren Kompost.*

Thermokomposter bauen

Damit auch im Winter Kompost entsteht, müssen die Abfälle vor Frost geschützt werden, sonst ziehen sich die meisten Bodenlebewesen in tiefere frostfreie Erdschichten zurück und die Abfälle bleiben unbearbeitet. Im Thermokomposter geht der Abbau auch im Winter weiter.

Im Unterschied zu herkömmlichen Kompostsilos, die etwa aus Holzlatten, Maschendraht oder Ziegeln gebaut und völlig luftdurchlässig sind, muss ein Thermokomposter dichte Wände haben, damit keine kalte Luft eindringen kann. Dennoch darf er nicht abgeschlossen sein, denn die Bodenle-

Praxistipp

Die Kompostierung lohnt sich in jedem Garten, da Haushalte mit Komposter nachweislich weniger Müllabfuhrgebühren zahlen müssen. In manchen Ortschaften kann man sich dadurch etwa 1/5 der Gebühren sparen.

bewesen brauchen Sauerstoff; außerdem muss das Kohlendioxid entweichen können. Zur Dämmung ist deshalb ein poröses Material oder eine besondere Konstruktion nötig. Der Komposter muss auch wasserbeständig sein; es eignen sich also nur Dämmmaterialien für den Außenbereich. Am besten nehmen Sie stabile, bruchfeste Platten, die dem Druck des Komposts standhalten. Für weniger stabile Platten bauen Sie ein eigenes Stützgerüst aus Holzlatten oder Metall.

Bei einer Dämmung mit nicht porösen Platten braucht der Komposter einen luftdurchlässigen Unterbau (z. B. aus

Ziegeln) und oben eine Entlüftung (z. B. Klappdeckel), damit die Luftzirkulation gewährleistet ist. Andernfalls würden die Abfälle nicht verrotten, sondern faulen. Der Boden muss auf jeden Fall offen sein, damit die Abfälle direkt auf dem Erdboden liegen und für die Bodenlebewesen erreichbar sind.

Stützender Rahmen

Der Thermokomposter sollte eine umgängliche Größe haben. Er darf nicht zu groß sein, sonst dauert es sehr lange, bis die Abfälle verrotten. Er sollte aber auch nicht zu klein sein, sonst trocknen die Abfälle zu leicht aus.

Schneiden Sie zuerst die Holzbretter für die Rahmenteile in der gewünschten Größe zu. Messen Sie jetzt die Dämmplatten für die Seitenwände entsprechend der Größe der Rahmenteile aus. Danach schneiden Sie die Dämmplatten mit einem Messer zu.

Zur Befestigung der Rahmenteile bieten sich lange Winkelverbinder an; an die überstehenden Schenkel werden später auch die Querverbinder geschraubt. Fertigen Sie für den Rahmen nun vier dieser Eckstützen aus Brettern und Winkelverbindern an.

Die richtige Montage

Die Eckstützen werden angepasst; sie müssen ebenso lang sein wie die Dämmplatten, damit sie als Kantenschutz dienen. Anschließend setzen Sie die Querstreben ein und schrauben diese mit den Winkelverbindern an dem Rahmen fest.

Jetzt können Sie die beiden Seitenwände an die fertige Rückwand anbauen. Die vordere Dämmplatte schieben Sie nun in den Rahmen ein; befestigen Sie diese jedoch nicht, damit Sie die Platte später zur Kontrolle des Komposts oder zur Belüftung wieder hochschieben können.

Profitipp

Ein dunkler Anstrich zieht das Sonnenlicht an; dadurch erhöht sich die Innentemperatur. Im Winter wird das luftdurchlässige Fundament bei strengem Frost mit Stroh oder Laub angehäufelt; an warmen Tagen muss der Deckel gelüftet werden.

Die Kiste bekommt nun einen Deckel, der ebenfalls mit Winkelverbindern montiert wird. Hierfür messen Sie wieder die Rahmenteile entsprechend der Kiste aus und schneiden sie zu; ebenso die Dämmplatte. Scharniere halten den Deckel fest, aber beweglich.

Nach den Rahmenteilen werden die Dämmplatten zugeschnitten.

Der Winkelverbinder wird an die Eckstützen montiert.

Querstreben stützen die Seitenwände.

Die Seitenwände an der Rückwand befestigen.

Die Frontplatte muss beweglich bleiben.

Auch der Deckel wird mit Winkelverbindern befestigt.

Eine dunkle Farbe sorgt für ausreichende Betriebstemperatur.

Kompostbehälter aus Holzpaletten

Den Kompost-
behälter aus Holz-
paletten können Sie mit
wenig Aufwand selber
bauen und schonen dabei
noch Ihren Geldbeutel.
Komposterde
aus Pflanzenteilen
oder Gemüseresten
ist ein wertvolles
Naturprodukt,
das als nährstoffreicher
Dünger für
Ihre Garten-
und Zimmer-
pflanzen dient.

Seit vielen Jahren hat sich die Kompostierung von Abfällen im eigenen Garten bewährt. Dabei leisten selbstgemachte Komposter gute Dienste. Und sie müssen gar nicht teuer oder kompliziert zu bauen sein, wie dieses einfache Modell zeigt.

Bevor Sie mit der Anfertigung dieses Kompostsilos beginnen, bereiten Sie

den geeigneten Platz vor. Der Komposter darf nicht auf versiegelter Fläche platziert werden, sonst können keine Bodenlebewesen zuwandern, die den Abbau der Abfälle erledigen. Der Standort sollte schattig liegen, damit das Kompostiergut nicht austrocknet.
Für den Bau dieses preiswerten Komposters benötigen Sie vier Einwegpaletten, die Sie z. B. in Obstgroßmärkten

umsonst bekommen. Sie müssen diese Holzpaletten nur selbst abholen. Der Transport ist per PKW möglich.

Schnell gebaut

Zunächst werden die Paletten an einer passenden Stelle zu einem würfelförmigen Kasten zusammengesetzt. Mit wenigen Nägeln lassen sich die Paletten ausreichend fest verbinden. Es genügt, wenn Sie jeweils an den vier oberen Ecken einen Nagel einschlagen; vorzugsweise dienen verzinkte Nägel für den Zusammenbau.

Auch unten wird jeweils an den Ecken ein Nagel eingeschlagen. Natürlich können Sie die Ecken auch mit Schrauben verbinden.

Ökotipp

Ganz wesentlich trägt die Kompostierung von organischen Abfällen zur Müllvermeidung bei. Diese einfache und im doppelten Sinne preisgünstige Recyclingmethode lohnt sich vor allem im eigenen Garten. Wenn verrottbare Stoffe nicht verwertet werden, belasten sie nur unnötig die Mülltonne.

Gleich nach dem Aufstellen kann der Komposter mit Gartenabfällen bestückt werden. Der große Würfel nimmt eine ganze Menge auf.

Das Aufnahmevermögen dieses Komposters aus Einwegpaletten reicht für einen kleinen Garten. Falls nötig, ist nach dem gleichen Prinzip rasch ein weiteres Silo aufgebaut.

Den Kasten an der gewünschten Stelle aufbauen.

Wenige Nägel oder Schrauben halten die Wände zusammen.

In nur 10 Minuten können Sie den Behälter erstellen . . .

Die einzelnen Elemente passen gut in den Kofferraum.

. . . und gleich Garten- und Küchenabfälle ökologisch verwerten.

Mulchdecken

Für Heu von der Gartenwiese, Rückstände vom Vertikutieren, grünes Häckselgut oder Stroh gibt es einen direkten Weg zurück in den natürlichen Kreislauf: als Mulchschicht über der Gartenerde. Unter der Mulchschicht bleibt die Erde nicht nur feucht und locker, auch Unkraut kann sich nicht so schnell darunter ausbreiten und durch die Verrottung des organischen Materials werden dem Boden Nährstoffe zugeführt.

Es ist vermutlich etwas gewöhnungsbedürftig, im Garten anstelle der Erde nur vertrocknende Pflanzenreste zu sehen. Doch die Vorteile sind so überzeugend, dass man herkömmliche Vorstellungen getrost ändern kann. Warum soll der Anblick von Erde schöner sein als eine gleichmäßige Decke aus selbstgemachtem Heu? Wer den Rasenschnitt gleich beim Entstehen wieder dem »Recycling« zuführt, kann sich eine Menge Auf-

wand sparen, denn die fein zerkleiner-
ten Halme sind bis zum nächsten
Rasenmähen längst zerfallen. Wenn die
Schneiden der Messer scharf sind, wird
darüber hinaus der Filz im Rasen verrin-
gert. Mit einem herkömmlichen Rasenmäher lässt sich das Mulchprinzip
jedoch nur sehr unvollkommen anwenden.

Ökologische Aufbereitung

Auf großer Fläche verteilt und im Kontakt mit der Erde zerfällt biologisches
Material schneller und gelangt so
rascher zurück in den natürlichen Kreislauf. Es muss nur entweder fein genug
sein (Heu, Stroh, Rasenfilz), klein
geschnitten oder gehäckselt werden
(Staudenreste, Strauch-, Baumschnitt).
Häufig genügt es, schon beim Säubern
der Beete geringe Mengen von Pflanzenresten klein geschnitten auf einer
Mulchdecke liegen zu lassen, falls alle
Beteiligten die natürliche Unordnung im
Garten tolerieren. Den üblichen Umweg
über den Komposthaufen kann man
auf diese Weise wenigstens zum Teil
sparen.

*Häckselgut von frischem Grün abgeblüh-
ter oder geschnittener Stauden.*

*Heu von der Gartenwiese, möglichst
ohne keimfähige Samen.*

*Der ganze Filz aus dem Rasen, beim Ver-
tikutieren entstanden.*

*Getreidestroh kann man beim Bauern
oder der Landwirtschaftsgenossenschaft
kaufen.*

*Rasenschnitt von einem Recycle-Mäher
kann bleiben, wo er anfällt.*

Ein besonderes System häckselt das Gras in feinste Teilchen.

Grüne Pflanzenreste können, mit trockenem Häckselgut gemischt, gleich zurück auf das Beet, von dem sie gekommen sind.

Frische Pflanzenreste häckseln, solange sie noch nicht welken.

Um Jungpflanzen zu setzen, die Heudecke öffnen und nach dem Pflanzen zusammenschieben.

Bei Heu als Mulchdecke ist wichtig, wann das Gras gemäht wurde.

Je nach Ursprung bedarf es nur einer entsprechenden Aufbereitung und Anwendung des Materials. Die Decke auf den Beeten, die Mulchschicht, soll gleichmäßig verteilt, nur wenige Zentimeter dick, luftig und locker sein. Dadurch wird das Wachstum unerwünschter Kräuter zurückgedrängt, die Feuchtigkeit im Boden gehalten, die Pflanzenwurzel vor Temperaturschwankungen geschützt und das Leben der nützlichen Mikroorganismen sowie vieler Tiere im Boden gefördert.

Natürliche Nährstoffversorgung

Die Mulchschicht wird in direktem Kontakt mit der Erdoberfläche schnell zersetzt, weil dort ideale Bedingungen für Kleinlebewesen, Bakterien, Pilze, Würmer und Bodeninsekten herrschen. Wenn Sie eine etwas ältere Mulchschicht anheben, sehen Sie an den vielen Lebewesen in der feinkrümeligen Erde das aktive Bodenleben.

Diese Grundlage für eine natürliche Nährstoffversorgung fördert auch das ökologische Gleichgewicht.

Ökonomisches Verfahren

Die Oberfläche einer Mulchschicht trocknet dagegen schnell ab, so dass bodennahe Früchte trocken und sauber bleiben. Frost dringt nicht so schnell in den Boden ein, und der »Recycling-Prozess« geht auch in der kalten Jahreszeit bei frostfreier Witterung weiter. Für die ersten Sonnenstrahlen und die Bodenlockerung im Frühjahr wird die Mulchdecke etwas beiseite geräumt und danach dünner ausgebreitet. Unkraut wurzelt, wenn überhaupt, unter der Schicht und lässt sich viel leichter entfernen.

Gras als Biomasse

Ideales Material zum Mulchen ist das Heu von der eigenen Gartenwiese. Unter Bäumen, Sträuchern und Stauden wird es ausgebreitet, sobald es trocken ist. Die beste Zeit für die Heuernte ist Ende August, wenn die meisten Gräser noch blühen, oder Ende Oktober – allerdings sollte man dann

Ein dickes Mulchpolster um den Stamm bedeckt die Baumscheibe.

Abfall vom verfilzten Rasen gleich als Mulchschicht verwenden.

Eine möglichst dicke Heuschicht unter Beerensträuchern verhindert anderes Grün.

Das Heu der Gartenwiese reicht knapp für einen etwa gleichgroßen Nutzgarten. Doch auch der blühende Staudengarten profitiert von der Mulchschicht.

den Grasschnitt häufig wenden, damit keine keimfähigen Samen zurückbleiben. Die Beete im Nutzgarten werden abgedeckt, sobald das letzte Grün von den ersten Nachtfrösten verwelkt ist. Tragen Sie das Heu in dicken Schichten auf, so bieten Sie Tieren Unterschlupf zum Winterschlaf und machen sie im Garten heimisch. Aus einer handbreiten Schicht wird ohnehin bald eine dünne, dichte, aber luftige Mulchdecke. Rasenschnitt lässt sich natürlich ebenso wie Heu verwenden – sofern man ihn erst in dünner Schicht zu Heu werden lässt oder mit trockenem Häckselgut vermischt und erst dann wieder ausbreitet.

Stroh und Rasenfilz

Stroh eignet sich ebenfalls als Mulchschicht, nur muss man es im Normalfall kaufen. Darüber hinaus ist es nicht so schmiegsam wie Heu, dicke Schichten faulen leichter und eingeschleppte Samen lassen sich auch nicht ausschließen.

Der Abfall vom Vertikutieren hingegen hat sich besonders auf freien Flächen unter Bäumen, den so genannten Baumscheiben, bewährt. Da er sehr locker ist, lässt er sich zu dicken Polstern häufen, ohne zu faulen. Meist ist im Vertikutierabfall aber viel Moos enthal-

ten, das auch ohne Erdkontakt weiter wächst. Daher ist es sinnvoll, die Polster öfters zu wenden. Dann bleiben auch vom Moos nur die Nährstoffe übrig.

Häckselgut als Mulchdecke

Frisches Grün von Blumen-, Kräuter- und Gemüsebeeten wandert durch den Gartenhäcksler und gleich zurück als dünne Mulchschicht auf die Beete. Es muss schnell trocknen, um nicht zu faulen. Wenn Sie das Grün beim Häckseln gleich mit getrocknetem Material mischen, kann auch diese Schicht ein paar Zentimeter dick werden.

Verholztes und damit grobes Häckselgut von Baum- und Strauchschnitt (auch Rindenmulch) eignet sich besser unter Sträuchern und Bäumen als auf Blumen- und Gemüsebeeten. Noch grünen und weichen Heckenschnitt kann man dagegen auch ungehäckselt unter Beerensträuchern ausbreiten.

Ökotipp

Für Nacktschnecken sind Mulchschichten tagsüber leider ein geradezu verlockender Aufenthaltsort. Wo sie überhand nehmen, bleibt nichts anderes übrig, als täglich Schnecken zu sammeln. Die erfolgversprechendste Zeit ist früh am Morgen oder kurz vor Sonnenuntergang, und auf der trockenen, hellen Mulchoberfläche sind sie auch leichter zu finden als auf dunklem Boden.

Quell der Freude

Den Kreislauf der Natur

aus nächster Nähe erleben,

Tiere beobachten und

die Vielfalt der Wasserpflanzen

bewundern – dies alles bietet Ihnen

ein Gartenteich und ist

zudem noch dekorativer

Blickfang sowohl im Freien

als auch im Wintergarten.

Teichsandbett herstellen

Ein Gartenteich, und sei es nur ein kleiner, der Natur nachempfundener Tümpel mit gut sechs Quadratmeter Wasserfläche, bereichert jeden Garten – mit einer Pflanzen- und Tiervielfalt, auf die man jedoch warten muss. Ihre Mühen beim Anlegen eines eigenen Gartenteichs werden aber durch lange Jahre der Freude an Ihrem Kleinod belohnt.

AUF EINEN BLICK!

Material
Grubensand, Teichfolie, Geröll, Feldsteine, Beton, Klebemörtel

Werkzeuge
Schaufel, Richtlatte, Wasserwaage, Heißluftgebläse

D er menschliche Einfluss beschränkt sich dann auf die Grube mit der Folienauskleidung, Randgestaltung und Startbepflanzung. Danach genügt es, wenn Sie verhindern, dass der Wasserspiegel zu weit fällt. Ein Schauteich, mit stets klarem Blick bis auf den steinigen Grund, wird im Prinzip genau so angelegt, nur mit größeren Maßen, mehr Aufwand und später mit sehr viel mehr Pflege.

Sand als Ausgleich

Nicht immer kann man ein möglichst tiefes Loch ausheben. Je nach Art des vorhandenen Bodens braucht man ein bis zwei Kubikmeter gesiebten Grubensand, um einen glatten Untergrund – völlig frei von spitzen Steinen – für die Folie zu schaffen. Die Randhöhe legen Sie dabei von einem Pfosten im Mittelpunkt aus fest. Auf seit langem bebauten Grundstücken ist die Erdbewegung nur mit der Schubkarre möglich, falls man den Tümpel, wie in dem Beispiel, nicht direkt am Kellermauerwerk unter der Terrasse anschließen lässt und mit dem Aushub des Geländes sanft abfallend modelliert.

Ob am Mauerwerk oder mitten im Gelände, ein umlaufender und genau waagrechter Wall ist für jeden Folienteich notwendig. Er lässt sich mit Richtlatte und Wasserwaage festlegen. Dadurch erreicht man einen gleichmäßigen Überlauf und damit ringsum eine feuchte Uferzone. Deren Vegetation lässt den Tümpel größer erscheinen und erlaubt einen sanften Übergang zum trockenen Gelände.

Teichzonen gestalten

Der Teichgrund sollte (je nach Temperaturregion) mindestens 80 cm unter diesem Rand liegen, damit Amphibien überwintern können. Je vielseitiger die ansteigenden Wände mit flacher Sumpfzone, Trittsteinen, Geröllkante oder Einfassungen zur Terrasse gestaltet sind, um so leichter wird sich die künstliche Anlage in die vorhandene Situation einfügen, sofern sich die Art der sichtbaren Gestaltungselemente auf dem anschließenden Grundstück wiederfindet.

Wenn Sie die Teichfolie als Plane bestellen, sollten Sie die genaue Größe erst nach der fertigen Grube festlegen. Mit zwei dicken Bindfäden, die man im rechten Winkel zueinander in der größten Länge und Breite auslegt. Mit einer selbst aus Einzelbahnen zusammengeschweiß-

Für einige Kubikmeter Aushub ist eine Verwendung zu finden.

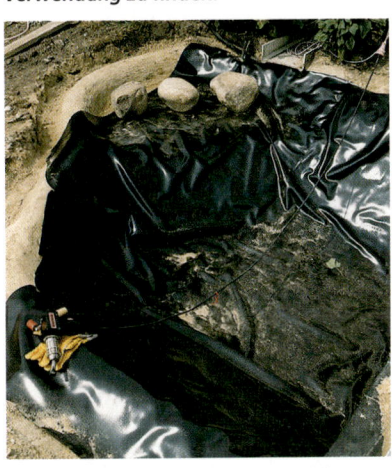

Bei warmem Wetter die dann weichere Folie auslegen.

Gewaschenes Geröll im dicken Klebemörtel verlegen.

ten Plane sind Sie wesentlich freier bei der Gestaltung der Form. Außerdem ist es wirtschaftlicher, weil Sie überflüssige Stücke leicht an anderer Stelle ansetzen können. Teichfolie versprödet mit der Zeit, wenn sie ungeschützt dem Tageslicht ausgesetzt ist.

Randhöhe von einem Pfosten im Mittelpunkt festlegen.

Feldsteine im Betonbett als Brücke und für Tiere zum Sonnen.

Der Tümpel soll sich nahtlos in die Umgebung einfügen.

Flachwassergarten anlegen

Die meisten **Wasserpflanzen** haben einen besonderen Charakter. Die meisten Arten gedeihen in **flachen Uferzonen** an **Flüssen** und **Teichen**. Sie eignen sich für einen **Ziergarten** der ungewöhnlichen Art.

Auf kleinen Grundstücken fehlt meistens der Platz für einen reizvollen Teich. Das Umfeld der Terrasse eignet sich aber fast immer für einen ganz individuell geformten Wassergarten. Dafür genügt ein schmaler Geländestreifen mit wenig Bodenaushub oder eine Terrasse, die sich eingrenzen lässt. Dabei sollen Terrassen- und Wasserfläche entweder eine Ebene bilden oder der Wasserspiegel sollte tiefer liegen, wie auch in der Natur die Randzonen von Gewässern.

Nahezu jeder Untergrund lässt sich anpassen

Ideale Voraussetzungen bietet die Betondecke einer unterkellerten Terrasse. Flache Gruben mit ebenem, festgestampftem Untergrund sind aber ebenso passend. 15 bis 20 cm Wassertiefe genügt für die meisten Wasserpflanzen. Eine Randhöhe, die sich noch gut selbst betonieren lässt.

Auch Fertigbetonteile, wie Kantensteine, Gehwegplatten oder Tiefborder, lassen sich zur Verstärkung der Ränder und als Klebefläche für die Teichfolie verwenden.

Vielfältige Umrandungen

Die dargestellten, geraden Begrenzungen lassen sich gut für Teichufer verwenden. Es dauert nicht lange, dann wächst Gras oder Moos von der Grünfläche aus über die schmalen Betonkanten und schafft so einen natürlichen Übergang. Wer darauf nicht warten will, kann dies auch mit einem 50 mm hohen Aluminium-Winkelprofil von Anfang an erreichen.

Das Profil wird mit Schrauben in Mauerdübeln oder Epoxidharzkleber auf den Fertigbetonkanten befestigt und direkt mit eingepassten Grassoden belegt. Sie können auch in einfachster Weise den Rand mit Brettern aus kesseldruckimprägniertem Gartenholz, befestigt an eingerammten Pfählen, eingrenzen. Dabei lässt sich die Teichfolie sogar ganz einfach an den Rand tackern.

Folienauskleidung mit Reserve

Die Teichfolie wird in jedem Fall letztlich von dem eingebauten Geröll gehalten und geschützt. Die Folie muss am Boden jedoch immer eine Reservefalte haben, damit sie bei Frost nicht von der Kante abreißt. In den flachen Wannen lastet weniger Gewicht als im Teich auf der Folie, und schmale Bahnen sind zudem weniger elastisch als breite.

Betonierte Ränder sind sicher die haltbarste Einfassung. Die Oberkante der Schalung lässt sich auch leichter waagerecht ausrichten als einzelne Betonteile.

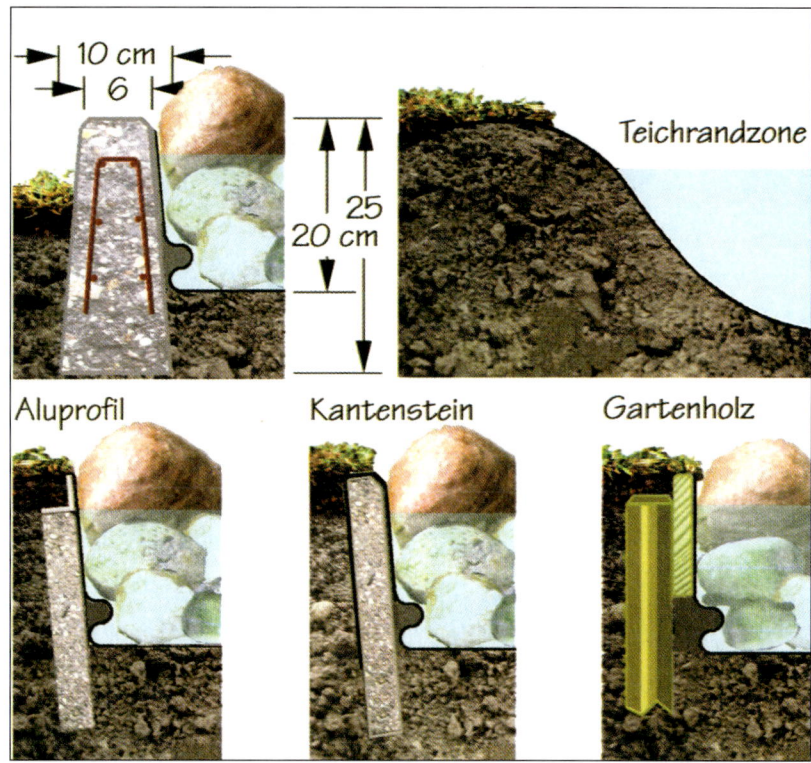

Auch andere Arten der Einfassung lassen sich verwirklichen. Ganz nach den eigenen Vorstellungen und Voraussetzungen.

Umrandungen aus selbst gemischtem Ortbeton lassen sich gut den vorhandenen Formen anpassen und ohne Eile Stück an Stück herstellen.

Mit einer zerlegbaren Betonschalung bleibt man beweglich.

Auch für größere Tiere bietet ein Flachwassergarten Lebensraum.

Mit Heißluft lässt sich Teichfolie schweißen und formen.

Ab- oder Überlaufrohre aus PVC kann man mit Flüssigfolie abdichten.

Einbetonierte Stahlböcke (Abstandhalter für Baustahlmatten) geben dem Rand stabile Sicherheit.

Folienbahnen am Stück oder verschweißt

Wenn zum Auskleiden der flachen Becken breite Folienbahnen reichen, können Sie sich den Aufwand für das Verschweißen oder für vorkonfektionierte Folienplanen ersparen. Mit 150 cm breiter Folie kann die Wanne immerhin noch knapp 110 cm breit werden. Für größere Flächen legt man die Bahnen quer. Oder man breitet passend zugeschnittene Bahnen auf dem Boden aus und verschweißt, entweder mit Quellschweißmittel oder mit Heißluft, die Randstreifen ringsum mit der Bodenfolie. Beide Methoden kann man auch als Heimwerker mit etwas Übung bewältigen (s. S. 120). Der Folienlieferant (Gartenfachhandel und -märkte) hat jedoch auch entsprechende Verbindungen zu Fachkräften, die derartige Lohnarbeiten übernehmen. Sie können auch konfektionierte Folienplanen verwenden, die in allen Größen und Formen angefertigt werden.

Folienränder haltbar befestigen

Beim Anschluss an Grünflächen legt man die Folie einfach über die Einfassung unter den angrenzenden Erdboden. Das Verkleben der Folienränder an der Umrandung ist dort erforderlich, wo das Becken an freiliegende Übergänge (Überlaufschwelle), Aluminiumkanten oder anschließendes Sockelmauerwerk (Gebäude oder Terrasse) stößt. Das geht auf glattem Mauerwerk und Beton mit Kontaktkleber, der mit Härter zu verarbeiten ist. Unebene Flächen können Sie zuvor mit Klebemörtel füllen und glätten, soweit sie von der empfindlichen Teichfolie bedeckt werden.

Bevor Sie die Folie ausbreiten, sollten Sie alle Steine und Steinchen im Untergrund sorgfältig entfernen, sie könnten sich sonst durch die Teichfolie drücken. Die Verarbeitung der Teichfolie ist bei sonnigem Wetter leichter. Die dunkle Folie ist dann wesentlich flexibler und lässt sich spürbar besser handhaben.

Wasserspiegel kontrollieren

Damit überschüssiges Wasser nicht unkontrolliert über die Ränder fließt und dabei Beete oder Grünflächen durchweicht, ist für einen kanalisierten Überlauf zu sorgen. Solch einen Überlauf kann z. B. eine etwa 2 cm tiefer liegende, dekorative Granitschwelle zum anschließenden Teich darstellen. Geeignet sind auch Überlaufrohre in der Umrandung, die in Sickerschacht, Zisterne oder Grundstücksdrainage enden. Derartige Überläufe sind für jedes Einzelbecken nötig, auch wenn diese zunächst miteinander in Verbindung stehen. Im Laufe der Zeit wird das Wurzelwerk der Bepflanzung so dicht, dass der Ausgleich nur noch sehr zögernd stattfindet. Wenn in regenarmen Zeiten mehr Wasser verdunstet, als Niederschläge fallen, ist ein direkter Zulauf aus Wasserleitung oder Brunnen sehr praktisch.

Betreten ist nicht verboten

Besonders reizvoll ist ein Steg über den Wassergarten oder ein Fläche für den

Härtbarer PVC-Kontaktkleber hält die Folienränder auch an glatten Betonflächen.

Extrudierte Dämmplatten über einer Kellerdecke verringern Wärmeverluste.

Betonfertigteile als Träger für den Steg über dem Wasserbecken. Lassen Sie breite Zwischenräume für den Ausgleich des Wasserspiegels.

Auf das Befestigen der Konstruktionslatten kann man verzichten ...

... denn sie werden mit dem aufgeschraubten Bretterbelag verbunden.

Ökotipp

Tiere und Wassergarten: Gibt es einen Teich mit Stockenten in Ihrer Nähe, kann es leicht vorkommen, dass die Enten im März anfangen, auch in Ihrem Wassergarten zu brüten. Für Kinder ein Erlebnis ganz besonderer Art, wenn im April innerhalb von zwei Tagen bis zu 30 Küken schlüpfen.

Nach der kurz darauf folgenden Wanderung zum nahen Teich bleibt meistens nur die Hälfte am Leben. Gründelnde Enten sind im eigenen Gewässer allerdings nicht immer eine Freude. Sie nehmen weder Rücksicht auf junge Wasserpflanzen noch verschonen sie Froschlaich und Wassertiere. Ein bevorzugter Brutplatz sind die ringförmigen Staudenreste der Wasserlilien in den Randzonen. Kein Wunder, denn die verdorrten Blätter und das Gefieder der Ente sind augenscheinlich für Entenfeinde schwer zu unterscheiden. Wenn Sie die Staudenreste rechtzeitig entfernen, fehlt auch der günstige Brutplatz. Andere Arten – wie Amphibien und reine Wassertiere – werden sich mit der Zeit von allein einstellen. Allenfalls Lebewesen aus unmittelbar benachbarten Gartenteichen, also aus einer ökologisch ähnlichen Region, kann man versuchen anzusiedeln. Mit ein paar Kannen Teichwasser das eigene Wasser »impfen«. Auch mit gekauften Jungpflanzen übernimmt man viele Lebewesen.

Größer sind Überraschung und Freude an natürlich zugewanderten Arten, die zeigen, dass der eigene Wassergarten das Prädikat »Biotop« auch verdient.

Wasserpflanzen aus dem eigenen Gartenteich ergänzen die gekauften Arten.

Freisitz, die von passenden Fertigbetonelementen (Bordsteine, Fensterstürze) getragen werden. Bodenbretter aus kesseldruckimprägniertem Gartenholz, auf Latten verschraubt, sind auch für diesen Zweck ein leicht verarbeitbares Material. Bei 24 mm dicken Brettern sollte der Auflageabstand (gemessen in Richtung der Brettkanten) 60 cm nicht überschreiten. Nimmt man bei einer dekorativen Verlegerichtung für die Befestigung auch noch herkömmliche Linsenkopfschrauben aus Edelstahl mit Längsschlitz, zeigt sich ein Hauch vom gediegenen Eindruck exklusiver Bootsstege.

Bepflanzung ohne feste Regeln

Für den Beckengrund und als Halt für die Pflanzen wird buntes, grobes Geröll 40/60 mm über der Folie ausgebreitet und an den Rändern zur kleinen Böschung geformt. Das verdeckt und schützt die dunkle Folie. Denn weichmacherhaltige Kunststoffe sind empfindlich gegen ultraviolette Anteile im Tageslicht. Als Anregung für die Gestaltung mit Steinen mag die Uferzone an einem naturbelassenen Flussbett dienen. Das gilt auch für die Bepflanzung. Für die Auswahl gibt es, außer der Pflanztiefe, keine festen

Regeln. Sie können sich an den Beschreibungen zu den Jungpflanzen orientieren und nach Größen oder Farbkombinationen zusammenstellen. Pflanzzeit sind die Sommermonate, wenn sich das Wasser schon etwas erwärmt hat.

Die Pflanzen ohne zusätzliche Erde zwischen dem Geröll einbetten. Die Nährstoffversorgung klappt auch in kleinen Wasserbeeten auf natürliche Weise. Mit Erde oder Düngemitteln fördern Sie nur das Algenwachstum.

Geröll versteckt Beton und Teichfolie.

Würzkräuter, wie z. B. Brunnenkresse oder Wasserminze, können den Wassergarten bereichern.

Erstaunlich schnell entwickeln sich Pflanzeninseln aus wenigen Jungpflanzen.

Algenwachstum reguliert sich von selbst

Das Algenwachstum stellt sich im Frühjahr zwar in jedem Fall ein, sobald sich die Wasserpflanzen jedoch in ausreichender Menge ausgebreitet haben, bleiben für die Algen keine Nährstoffe mehr übrig. Sie sterben ab und werden von den Mikrolebewesen und Wassertieren alsbald vertilgt.

Welche Pflanzen letztlich am jeweiligen Standort gedeihen, muss man bei Wasser- und Sumpfpflanzen der Natur überlassen. Denn die Möglichkeit spezieller Bodenzusammensetzung und Düngung für gleichartige Zierpflanzen hat man bei einem Wassergarten nicht.

Abwechslungsreiche Eindrücke durch unterschiedliche Ebenen.

Profitipp

Die ungehinderte Ausbreitung einzelner Arten muss man bei Wasser- und Sumpfpflanzen rechtzeitig eindämmen, um sich die Vielfalt in dem begrenzten Lebensraum zu erhalten. Aus dem flachen Wasser lassen sich Wurzeln und Wurzeltriebe leichter entfernen als aus Erdkulturen. Auch Samenstände abgeblühter Pflanzen dürfen nur eingeschränkt oder gar nicht ausreifen. Meistens sind es die robusten Pflanzen aus der Region, die andere Arten sonst im Laufe der Zeit verdrängen.

Gartenteich anlegen

Wie sich ein Gartenteich entwickelt, hängt zunächst einmal von der Erstausstattung ab. Um diese eigene Welt zu erleben, sind natürliche Ansprüche von Pflanzen und Tieren genau zu beachten. Dann kann Ihr Gartenteich im Laufe der Jahre zu einem wahren Juwel werden.

Kleine Tümpel mit wenigen Quadratmetern Wasserfläche bieten in der Natur allerdings selten die Vielfalt, die man sich im eigenen Garten wünscht. In der Natur trocknen sie auch zeitweise aus. Eher kann ein natürlicher Weiher ohne Zu- oder Ablauf als Vorbild gelten. Bei der eigenen Anlage kann man jedoch etwas mogeln und unterschiedliche Zonen schaffen, wie sie auf so engem Raum in der Natur nicht vorkommen. Ende Mai bis Juli ist die günstigste Zeit, einen Gartenweiher einzurichten.

Das Angebot an Wasserpflanzen ist zu dieser Jahreszeit entsprechend umfangreich. Im Gegensatz zu Landpflanzen kann man Wasserpflanzen innerhalb der warmen Jahreszeit immer einsetzen.

Richtige Teichtiefe und Pflanztiefe

Ein kleiner Gartenweiher sollte mindestens 80 cm tief sein, weil er sonst zu schnell verlandet und alle 3 bis 4 Jahre der Mulm am Boden ausgeräumt werden muss. Viele Teichrosenarten bevorzugen jedoch einen Standort in etwa 50 cm Wassertiefe, so dass man im Pflanzkorb einen Sockel anlegen muss.

Pflastersteine aus Beton sind dafür besser geeignet als Mauersteine, da letztere Kalk freisetzen und dadurch das Gleichgewicht der Nährstoffe stören kann.

Teichrosen haben besondere Ansprüche

Ein Sockel hat außerdem den Vorteil, dass sich die Teichrosen nicht ungehemmt vermehren und alle anderen Pflanzen verdrängen. Körbe zum Pflanzen erst mit einem Ballentuch auslegen, die Pflanzen in Teicherde einbetten und mit Kies, Geröll oder Feldsteinen als Gewicht belasten.

Teichrosen mögen übrigens kein ständig spritzendes und bewegtes Wasser. Auf kleiner Fläche gilt also: entweder Teichrosen oder Wasserspiele.

Feldsteine und Beton für die Gestaltung

Die Flachwasserzone wurde zwar schon beim Sandbett berücksichtigt, aber Kies, Teicherde oder Geröll könnten auf den Teichboden abrutschen, wenn dies nicht eine Barriere aus Feldsteinen im Betonbett verhindert.

Die Seerose ist die »Krönung« Ihres Gartenteichs.

Erst wenn die für den Gartenweiher vorgesehene Mulde fertig ist, sollten Sie Wasserpflanzen einkaufen.

Auch große Geröllbrocken als Trittsteine und Sonnenplatz für Amphibien ruhen sicher auf einem Betonsockel. Den relativ fest angemachten Beton als hohen Batzen auf die Folie setzen und den Stein mit leichten Hammerschlägen auf das gewünschte Niveau bringen.

Mit einer gerundeten Maurerkelle (Katzenzunge) den Sockel ringsum andrücken und glätten. Die Trittsteine so hoch ausrichten, dass ihre Oberfläche knapp unter dem höchstmöglichen Wasserspiegel liegt. Dann sind sie bei normalem Niveau auch für Tiere aus dem Wasser gut erreichbar.

Wege für überlaufendes Wasser

Auch eine kleine Mulde kann soviel Regenwasser auffangen, dass sie überläuft. Wenn der Gartenweiher zum ersten Mal mit Brunnen- oder Leitungswasser bis zum Rand gefüllt ist, erkennen Sie schnell die Stelle, an der er zuerst überläuft. Durch eine leichte Einbuchtung im Rand kann man sie dorthin verlegen, wo sich die ständig nasse Sumpfzone an den Teichrand anschließen soll.

An der Stelle ein Kunststoffrohr (10 cm Durchmesser, 50 cm lang) senkrecht in

Teichpflanzen können nur vorübergehend auf ihr Lebenselement das Wasser verzichten. Gut feucht halten bis sie wieder im Wasser stehen.

den Boden eingraben. Der obere Rand soll nur knapp unter dem Überlaufrand des Weihers liegen, damit nur das überschüssige Wasser versickert. Sonst könnte, von der Sumpfzone aus, auch das daran anschließende Gelände durchweichen.

Gartengewässer als Wassersammler

Verschließen Sie die Rohröffnung dauerhaft mit Kunststoffgewebe, damit das Sickerrohr nicht zur Falle wird. Größere Wassermengen, weil zum Beispiel das überlaufende Wasser aus dem flachen Wassergarten in den Weiher fließt, sind in die Grundstücksdrainage, eine Zisterne oder tiefer liegende Flächen abzuleiten.

Ökotipp

Im Gartenweiher kann man allenfalls sehr kleine Fische (Moderlieschen, Stichling, Bitterling) halten. Auch gut entwickeltes Teichwasser wäre sonst schnell leergefressen. Da diese Arten mit ihrer Tarnfarbe kaum zu sehen sind, trotzdem aber in so einem künstlichen Kleingewässer viel fachkundige Pflege beanspruchen, wäre es schade um den Verlust.

Quell- und Heißluftschweißen

Trotz guter Vorbereitung kann es passieren, dass die Teichfolie an einer Stelle nicht reicht. Dann kann man ein übrig gebliebenes Stück mit einem der beiden Verfahren ansetzen. Zum Verschweißen sollen die Folienränder wenigstens 5, besser 8 bis 10 cm übereinander liegen. Das Quellschweißmittel (entzündlich, leicht flüchtig, nicht unbedenkliche Chemie) aus breitem Flachpinsel dick zwischen die Folienränder fließen lassen. Unmittelbar danach die etwa 20 cm lange Strecke mit einem schmalen Sandsack belasten. Die PVC-Oberflächen quellen von dem Lösemittel an und fließen zusammen. In der Handhabung auf unebenem, aber möglichst waagerechtem Untergrund etwas besser geeignet als das Heißluftschweißen. Bei dieser Methode soll sich der Heißluftstrom (+350 bis +450 °C) über der Schweißfläche stauen, um die Folienoberfläche anzuschmelzen (ökologisch unbedenklicher). Dazu mit der Luftdüse den oberen Folienrand anheben und wenige Zentimeter neben der Düse die Folien mit der Silikonrolle aufeinander drücken. Beide Werkzeuge langsam, aber ohne Unterbrechung in Nahtrichtung bewegen. Zwei Schweißspuren in Rollenbreite nebeneinander sind üblich. Quetscht die Rolle beim zweiten Durchgang verflüssigte Folie aus der Fuge, sind wasserdichte Nähte gewährleistet. Der Untergrund sollte möglichst glatt und fest sein. Der Vorteil dieser Methode ist, dass man sie auch an senkrechten Flächen anwenden kann. In jedem Fall sollte die obere Folienkante zur Sicherheit noch mit Flüssigfolie (in Tetrahydrofuran, dem Quellschweißmittel, verflüssigtes PVC) bedeckt werden. Geschweißte, ausgekühlte Musternähte hinterlassen beim Auseinanderreißen weiß aufbrechende Stellen.

Die Heißluft muss sich zwischen den Folienrändern stauen.

Auch die Blumenbinse will nicht zu tief im Wasser stehen.

Wenn Sie die Wasserpflanzen in der Mulde angeordnet haben, können Sie das Wasser langsam, an einer Wand entlang einfließen lassen.

Kleine Kaskade am Teich

In der Natur sind Bäche muntere Fließgewässer, die von der Quelle bis zur Mündung durch das Gelände plätschern. Ein rauschender **Wasserfall im Garten** ist nicht nur schön anzuschauen, sondern bietet auch eine **besinnliche Geräuschkulisse**.

D ie Schwierigkeit beim Bachbau liegt darin, die Steine so einzubauen, dass sich ein wirksamer Wasserlauf ergibt. Wenn dies nicht geschickt und mit Sorgfalt erfolgt und die Steine ohne gezieltes Aufschichten ins Bachbett gelegt werden, läuft das Wasser unsichtbar und geräuschlos ab.

Die Länge des Bachs spielt dabei keine Rolle. Schon ein kleiner Hügel genügt für den Bau einer plätschernden Kaskade. Die Quelle kann ein Sprudelstein sein oder eine Gruppe mehrerer Steine, bei der der Versorgungsschlauch versteckt wird. Als Mündung bietet sich ein Teich an, der das Wasser aufnimmt. Im Teich lässt sich auch die Pumpe unterbringen.

Beachten Sie, dass der Wasserstrahl aus dem Schlauch effektvoll im Bachbett auftrifft und über die aufgeschichteten Steine nach unten plätschert. Das Wasser sollte also schon während des Ausbaus laufen. Dann können Sie die Steine gezielt an passende Stellen setzen und aufschichten.

Profitipp

Mit kantigen Brocken ist ein stufenförmiger Aufbau möglich. Dafür sind nur wenige ausgewählte Steine nötig, die entsprechend gedreht und eingesetzt werden, bis das Wasser gezielt jeweils auf einer glatten Oberfläche auftrifft.

Recht einfach gelingt der Bau einer Kaskade mit handbehauenen Natursteinen. Aber auch Natursteinplatten, die beispielsweise vom Terrassenbau übrig sind, können Sie zu einer Wassertreppe aufschichten. Mehr Mühe macht der Bachausbau mit großen Kieseln, die vorwiegend rund sind und nur wenige glatte Oberflächen haben.

Der Bau einer Kaskade kann im Zuge einer Teichrenovierung erfolgen, etwa wenn ein alter Wassergarten völlig zugewuchert ist. Beim Ausräumen der Wasserpflanzen bleiben Beschädigungen der Teichfolie meistens nicht erspart. Sie müssen diese dann beseitigen und ersetzen.

*Eine anstehende Teicherneuerung kann
gleich mit dem Kaskadenbau verbunden
werden.*

Das Teichvlies kann erhalten bleiben.
Die kleine Kaskade entsteht am besten
an einer geschützten Stelle im vorhandenen Grüngürtel am Ufer. Den Hügel
können Sie mit dem Spaten stufenförmig vorbereiten.

*Nach dem Auskleiden des Teichbetts wird
die Seerose eingesetzt.*

Die Tauchpumpe sorgt später für den kräftigen Wasserstrahl.

Die Pumpe

Nach dem Auskleiden des Teichbetts
und dem Einsetzen der Seerose an der
tiefsten Stelle kann der weitere Ausbau
beginnen. Dazu fluten Sie den Teich
und schließen Sie die Pumpe an, die zur
Versorgung der Quelle dient. Eine
gewöhnliche Tauchpumpe liefert einen
kräftigen Wasserstrahl.
Sobald der Teich schon fast vollständig
gestaltet ist, kommt der Ausbau der
Kaskade an die Reihe. Den ausgeform-
ten Erdhügel können Sie mit einem Foli-
enreststück auskleiden.

Der Versorgungsschlauch führt von der
Pumpe im Teich zu zwei großen Findlin-
gen. Diese ersparen das Durchbohren
eines Quellsteins. Der druckstabile
Kunststoffschlauch muss fest sitzen,
damit er sich beim Dauerbetrieb nicht
löst. Die großen Findlinge geben ihm
den nötigen Halt.

Damit das Wasser im Bachbett bleibt
und nicht überläuft, müssen Sie die Foli-

Profitipp

Starre Schläuche sind als Meterware
im Baumarkt erhältlich, sie verformen
sich nicht. Wenn ein harter Wasserstrahl erwünscht ist, können Sie eine
Düse anschließen.

enränder aufstellen und mit Erde unterfüllen. Das Eingraben des Schlauchs in
den Boden kommt erst an die Reihe,
wenn der Wasserlauf richtig funktioniert. Die Pumpe presst das Wasser mit
starkem Druck durch die Schlauchleitung zur Quelle. Jetzt können Sie den
Wasserstrahl richtig justieren. Er darf
nicht willkürlich im Bachbett auftreffen,
sondern muss gezielt über die Steine
geleitet werden. Der Ausbau der Kaskade erfolgt bei laufendem Wasser. Nur so
können Sie erkennen, ob die Steine
richtig liegen. Sie lassen sich jetzt noch
beliebig drehen und umschichten, bis
das Wasser gezielt auftrifft.

Schlauch und Folie
werden unsichtbar

Erst wenn das Wasser geräuschvoll und
sichtbar über die Steine plätschert, verschwindet die Schlauchleitung im
Boden. Sie können sie allerdings auch
nur mit Kieseln kaschieren. Beim weiteren Ausbau müssen Sie die seitlichen
Folienränder aufstellen und unterfüllen.
Das geschieht mit der Aushuberde
sowie mit Kieselsteinen, die den Unterbau festigen.

Überstehende Folienränder lassen sich
mit einem Messer abschneiden. Später
soll nichts mehr von der Kunststoffscha-
lung zu sehen sein.

Es empfiehlt sich, beim Ausbau geduldig vorzugehen. Dadurch sind Fehler etwa durch zu knappes Abschneiden der Folienränder zu vermeiden. Im Übrigen wird die Wirkung des Wasserlaufs erkennbar. Jetzt sind noch Umbauten möglich. Einstweilen wird der Versorgungsschlauch weiter eingegraben.

Mit Stein und Kiesel gestalten

Die Pumpe landet im Teich. Vorher müssen Sie den Schlauch gut befestigen. Zur Wartung kann die Pumpe mittels Zugleine aus dem Teich geholt werden. Dazu dient eine Nylonschnur, die Sie noch vor dem Eintauchen befestigen sollten.

Wenn das Wasser richtig läuft und auch an der Mündung den erwünschten Weg findet, kommt die weitere Ausgestaltung des Bachlaufs an die Reihe. Dabei müssen Sie weiterhin überstehende Folienränder abtrennen. Ebenso werden die Zuleitungen wie Wasserschlauch und Stromkabel versteckt. Kiesel und Pflanzen bedecken später auch die letzten Ränder. Feiner Kies und große Kiesel machen eine abwechslungsreiche Teichrandgestaltung möglich.

Nach der Fertigstellung ist das Wasser noch deutlich getrübt, der Teich klärt sich jedoch in wenigen Tagen von selbst. Die Kaskade trägt langfristig zur Klärung und Filterung bei.

Mit Kieseln oder Erde wird der Schlauch kaschiert.

Überstehende Folienränder müssen abgeschnitten werden.

Eine Nylon-Zugleine erleichtert später das Warten der Pumpe.

Große Findlinge geben den nötigen Halt.

Eine schöne Teichrandgestaltung durch verschiedene Steine.

Große Steine für die Kaskade, kleine zum Kaschieren der Zwischenräume.

Miniteich auf Rollen bauen

Wenn für einen Teich kein Platz ist, lassen sich Wasserpflanzen auch sehr gut im Kübel halten. Durch Lenkrollen beweglich, kann der Miniteich mal auf der Terrasse, mal im Haus oder auch in einem eingegrabenen Mörtelbottich eingerichtet werden.

AUF EINEN BLICK!

Material
Profilholz-Restlängen,
Sperrholzboden,
Teichfolie,
Gerätelenkrollen,
Grundierung

Werkzeuge
Sandplateschleifer,
Elektrostichsäge

Für den Zuschnitt genügt eine Elektrostichsäge. Denn die gewählte Konstruktion verträgt geringe Ungenauigkeiten und macht so die Anfertigung einfach. Bis auf den Sperrholzboden (44 x 44 x 1 cm) zur Aussteifung und als Auflage für einen Foliensack sind alle Teile aus Profilbrettern 144 x 19 mm. Die Bretter für die Seitenteile sind 44 cm und die Stollen 30 cm lang.

Zuschneiden, Verschrauben und Lackieren

Für die Winkelstollen verleimen sie 60 und 41 mm breite Streifen zu Winkelprofilen und runden anschließend die Kanten mit einem Sandplateschleifer ab. Verwenden Sie in jedem Fall für alle Verbindungen wasserfesten Fensterleim. Für das obere Brett der Seitenteile trennen Sie nur Feder und Schattennutfalz ab. Die abgerundete Kante bleibt. Zwischen Leisten, die als Schablone auf eine Platte geschraubt wurden, lassen sich die Brettstücke und Winkelstollen einfach und präzise miteinander verschrauben. Anschließend verschrauben

Verleimte Winkelstollen lassen sich leichter abrunden.

Brettstücke mit den Stollen zu Seitenteilen verschrauben.

Eingenagelte und geleimte Leisten tragen später den Boden.

Möbel- oder Gerätelenkrollen machen den Kasten mobil.

Kräftige Farben stehen im bewussten Kontrast zu den Pflanzen.

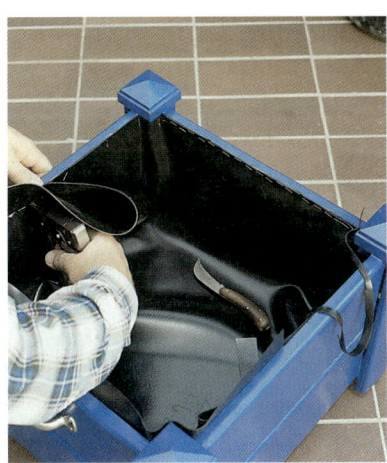

Teichfolie mit der oberen Holzkante bündig abschneiden.

Sie die zwei Seitenteile mit den restlichen Brettstücken zum Kasten und leimen als Träger für den Sperrholzboden Leisten an. Die Kopfstücke auf den Winkelstollen sind aus zwei quadratischen Zuschnitten aufeinander geleimt. Grundieren Sie die Oberflächen zuerst mit Primer – vor allem dann, wenn Reste verarbeitet werden, die schon vorbehandelt waren. Dann können sich weder auf farbiger noch auf weißer Lackierung Verfärbungen zeigen.

Den möglichen Wechsel zwischen Regen und Trockenheit im Haus kann Acryllack am besten aushalten. Um die Pflanzen leicht an jeden jeweils günstigen Standort zu bringen, montiert man stabile Gerätelenkrollen unter den Kasten. So bleiben auch die unteren Enden der Winkelstollen 5 mm über der Bodenfläche und damit trocken.

Bepflanzen

Als Foliensack können Sie eine große Schutzhaube für den Transport von Polstermöbeln aus PE-Folie verwenden. Die bessere Lösung ist aber ein 100 x 100 cm großes Stück dünne Teichfolie, das Sie gefaltet an den Kasten tackern. Zum Bepflanzen verwenden Sie Gewächse, die am Teich in der Sumpfzone wachsen: Papyrus, Zyperngras, Sumpfkalla, Blumenbinse oder Wasserfarn. Ein Wasserstandsanzeiger aus einem Hydrokultursystem erinnert Sie daran, wenn Wasser nachzufüllen ist.

Gaumen-Freuden

Verwöhnen Sie Ihre Familie mit edlen Pilzen, fruchtigen Beeren und würzigen Kräutern aus dem eigenen Garten. Selbst angebaut, geben diese Köstlichkeiten nicht nur dem Essen den richtigen Pfiff, sie tragen auch zu einer gesunden und abwechslungsreichen Ernährung bei.

Palisaden-Hochbeet im Nutzgarten

Sie wollen in Ihrem Garten alle **Anbauflächen** intensiv nutzen? Dann legen Sie ein **traditionelles Hochbeet** an. So dicht und erfolgreich ist der Anbau auf dem Erdboden kaum möglich. Zudem bietet ein Hochbeet eine gute Möglichkeit, **Gartenabfälle** weiter zu verwerten.

Berichte über unterschiedliche Kultivierungsmethoden auf Hügel-, Krater-, Spiral- und sonstigen Beeten kann man immer wieder lesen. Auf kleinen Flächen bieten Hochbeete erfahrungsgemäß die meisten Vorteile, denn Hilfsmittel wie automatische Beregnung oder Abdeckhauben lassen sich dabei erfolgreich mit naturnahem Anbau kombinieren.

Der Boden ist entscheidend

Für die erfolgreiche Anlage eines Hochbeetes ist ein tiefgründiger, humoser Boden die wichtigste Voraussetzung. Eine bis zu einem Meter mächtige, durchlässige und nährstoffreiche Erdschicht ist mit keiner anderen Methode so komfortabel zu erreichen wie mit einem Hochbeet. Allerdings sind damit auch Nachteile verbunden: Da in den

ersten Jahren die Stauwirkung tiefer, weniger durchlässiger Bodenschichten fehlt, ist der Wasserbedarf vor allem in regenarmen Perioden höher als bei ebenerdigen Beeten.

Bei Frost hilft gegen das langsamere Auftauen der durchgefrorenen Erdschicht allerdings nur Geduld. Dafür verlängert die zusätzliche Wärme, die durch Verrotten der Hochbeetfüllung entsteht, die Nutzung im Spätherbst. Je besser die Wärmedämmung der Hochbeetwände, um so spürbarer wird dieser Effekt. Auftau- und Nutzungszeit könnte man zwar durch einen Wasserkreislauf an den Beetwänden verändern. Sowohl der ökologische wie auch der ökonomische Sinn dieser Maßnahme wäre jedoch fragwürdig. Die Nachteile können die Vorteile einer Hochbeetanlage jedoch kaum schmälern. Doch dazu später noch ein paar Erläuterungen.

Material
Halbpalisaden 750 x 60 x
100 mm, etwa 9 Stück je
1 m Wandlänge,
Querriegel 3900 x 21 x 90 mm,
etwa 1 Stück je 2 m Wand-
länge, Holzschraube 6,0 x 60
verzinkt, 2 Stück je Palisade,
Mauersteine 2 DF, etwa
4 Stück, je 2 m Wandlänge,
Bindedraht, 2,0 mm Durch-
messer, Sechseck-Drahtgeflecht
verzinkt

Werkzeuge
Bohrschrauber, Fuchsschwanz,
Tischlerwinkel, Spaten,
Schaufel, Hilfsleisten,
Kombizange, Schraubzwinge,
Wasserwaage

Ein Prinzip für viele Einfassungen

Das Bauprinzip ist für Hochbeete immer gleich. Es ist ein großer Kasten ohne Boden. Für die Seitenwände ist jeder witterungsbeständige Baustoff denkbar. Wegen der Dämmwirkung nehmen Sie am besten möglichst dickes Holz. Da es an den Innenflächen den Mikrolebewesen im Boden (je mehr davon vorhanden sind, desto fruchtbarer ist der Boden) direkt ausgesetzt ist, kommt nur kesseldruckimprägniertes Gartenholz in Betracht. Entweder als Rund- oder Halbpalisaden oder in der Form von Brettern oder Bohlen.

Das Baumaterial und der verfügbare Platz bestimmen die Größe Ihres Hochbeetes, die sehr variabel ist. Bis 120 cm sind für die Beetbreite möglich, wenn man normal lange Arme hat und das Beet von beiden Längsseiten aus erreichen kann. Die Länge ist theoretisch nur vom Gartenumriss begrenzt. Über 4 m sind bei 100 bis 120 cm Tiefe aber wenig sinnvoll, denn man muss ja doch häufig das Beet umrunden, um an die gegenüberliegende Längsseite heran zu kommen.

Für Wege ringsum genügen 45 cm, wenn sich niedrige Kulturen anschlie-

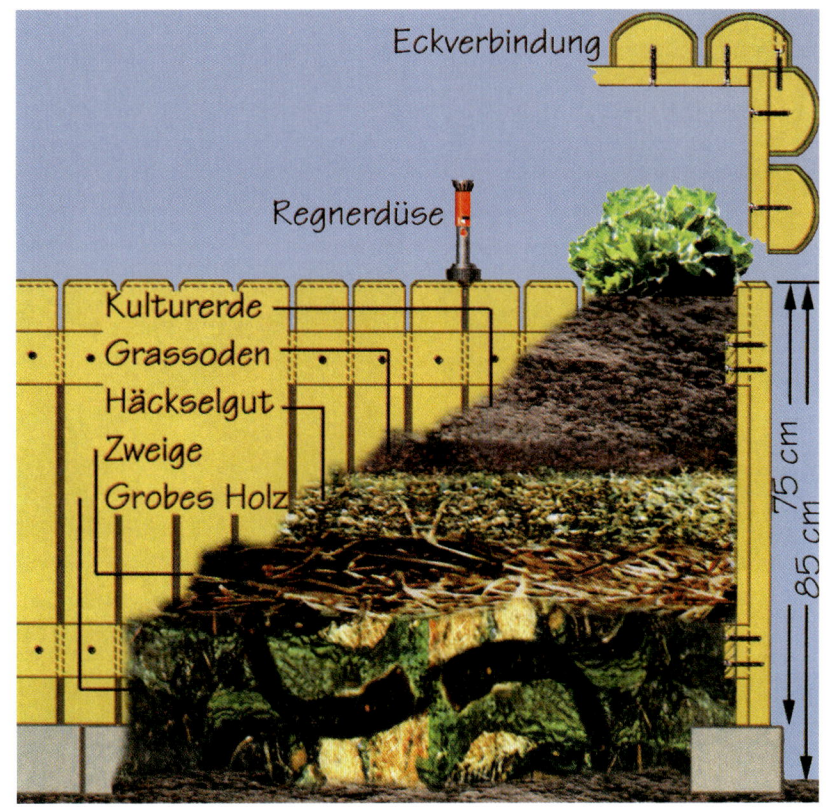

Um ein Hochbeet zu errichten, bedarf es keiner außergewöhnlichen Fertigkeit, aber jeder Menge Biomasse, um es zu füllen.

ßen. Zwischen zwei Hochbeeten sollte wegen der hohen Wände wenigstens 60 cm bleiben. Anstelle von 100 cm langen Halbpalisaden, die man noch etwas eingraben muss, können sie auch 75 cm lange Palisaden verwenden und

sie auf einem genau waagerechten Rahmen aus 11,5 cm hohen Mauersteinen stellen. Die Bodenfläche sollten Sie zum Schutz gegen Wühler mit kleinmaschigem Drahtgeflecht abdecken. Heben Sie die nutzbare Gartenerde

Wo viele Schrauben einzudrehen sind, erleichtert eine Bohrmaschine mit Schrauberaufsatz die Montage.

Feinmaschige Drahtgeflechte sperren Wühlmäuse und Maulwürfe aus, die sich sonst gern im Hochbeet einnisten.

Mithilfe einer Schraubzwinge schrauben Sie die Palisade am Querriegel fest.

Die Spanndrähte halten die Seitenflächen gegen den Druck der Füllung zusammen.

Holunderstämme in der untersten Erdschicht sollen Mäuse vom Nisten abhalten.

Kompostflocken und Wurmerde regen das Leben im Kulturboden an.

Nährstoffreiche Pflanzenerde aus gesiebtem Kompost für die Oberfläche.

Ökotipp

Die hohen Seitenwände sind für Nacktschnecken kein Hindernis. Die Fugen zwischen Palisaden oder Brettern sind im Gegenteil ein ideales Tagesversteck für diese Plagegeister. Dort sind sie allerdings auch leichter zu entdecken und abzusammeln. Auch Schneckenkorn ist zwischen den senkrechten Fugen der Palisaden sehr wirkungsvoll, aber fern von den Pflanzenkulturen. Bei Hochbeeten aus Brettern haben sich 5 cm breite Teichfolienstreifen, auf die unterste Brettkante geklammert, bewährt. Über die etwas nach unten hängende Folie ist für Schnecken kein Aufstieg möglich. Aber unter der Folie haben sie ein leicht kontrollierbares Versteck. An rankenden Monatserdbeeren können Schnecken allerdings auch die Barriere überwinden.

zuvor aus und bewahren Sie sie für die Füllung auf, notfalls in stabilen Plastiksäcken, falls nicht genügend Ablagefläche zur Verfügung steht.

Nehmen Sie zwei Kanthölzer, richten Sie sie in einer Ebene zueinander aus, legen Sie die Palisaden mit 10 mm dicken Holzstücken für den Zwischenraum aneinander und verschrauben Sie sie mit den Querriegeln. Es sollte sich eine genau rechtwinklige Fläche ergeben. Stellen Sie die vormontierte Palisade auf

die Steine und stützen Sie sie mit Hilfslatten provisorisch ab. Für die Eckverbindung verwenden Sie entweder 100 mm lange Schrauben oder stellen Sie eine 30 mm tiefe Bohrung für den Schraubenkopf her, damit Sie die erste Palisade von außen und anschließend die langen Querriegel anschrauben können.

Da sich Einzelteile leichter handhaben lassen, können Sie die Palisaden der Längswände an den Querriegeln Stück für Stück lotrecht befestigen. Damit die

Seitenwände dem Druck der Füllung nicht nachgeben, winden Sie mindestens jeden Meter nahe dem unteren und oberen Querriegel doppelte Spanndrähte um die Palisaden und spannen sie. Ziehen Sie die Spanndrähte jeweils erst knapp über der Füllung ein, sonst sind sie beim Füllen hinderlich.

Nach den letzten Nachtfrösten kommen die in Topfplatten gezogenen Jungpflanzen auf das neu angesetzte Beet.

In Anzuchtkästen neben dem Hochbeet wartet schon der Nachschub.

Mit einem Rotor-Sprühregner weren die Pflanzen bei bedarf mit Wasser versorgt ...

... damit es blüht und gedeiht.

Ein Hochbeet fasst viel Biomasse

Für die Füllung ist jeder unbehandelte Stoff mit biologischem Ursprung geeignet. Grobes Material (Stämme, Äste, Bauholz) bildet die unterste Schicht. Füllen Sie die Zwischenräume gleich mit feinerem Material (Häckselgut, Sägemehl, Holzwolle, Papierschnitzel) aus, streuen Sie Gartenerde von der Oberfläche (mit den Mikroorganismen) dazwischen und befeuchten Sie sie gut.

Die zweite Schicht besteht aus feinerem Material, wie Zweige, Blätter, Rasenschnitt, Häckselgut. Diese Schichten können Sie gut festtreten, es bleiben noch ausreichend Zwischenräume für die notwendige Belüftung, um den Rotteprozess durch aerobe Organismen zu beschleunigen. Später bleiben dann in den tiefen Schichten nur noch die anaeroben Organismen übrig, die, auch ohne Luftzufuhr, langsam Nährstoffe für Pflanzenwurzeln verfügbar aufbereiten.

Die mittlere Schicht soll bis 25 cm unter den Rand reichen und aus durchwurzeltem Boden bestehen. Dicke Grassoden, mit den Grashalmen nach unten, sind dafür am besten geeignet. Die untere Schicht können Sie mit festen Hartschaumplatten als Dämmschicht einfassen, um die Wärme im Boden zu halten. Vermengen Sie den unteren angerotteten Kompost mit Garten- und Fertigerde, darüber folgt eine dicke

Schicht gut vermischter Garten-, Kompost- und Wurmerde. Diese Bestandteile stehen aber wohl nur in einem langjährig, naturgemäß bewirtschafteten Hausgarten zur Verfügung. Wenn sie fehlen, verwenden Sie gewerblich aufbereitete Gartenerde, mit der Sie theoretisch auch das gesamte Hochbeet füllen können, wenn Sie Ihr Hochbeet nicht auch als Komposter nützen wollen. Fertigerde, ganz gleich ob aus der Gärtnerei oder im Plastiksack aus dem Gartenmarkt, ist in der notwendigen Menge für ein Hochbeet allerdings relativ teuer. Hier stellt der Kompost aus gewerblichen Kompostanlagen kommunaler Gärtnereien oder privater Landschaftsgärtner eine günstige und ökologische Alternative dar. Dieser besteht – genau wie der selbst gewonnene Kompost – aus pflanzlichen Rückständen.

Im Gegensatz dazu verarbeiten die noch recht neuen Kompostwerke den Inhalt der Biotonnen zu Kompost. Gegen den mögen noch Vorbehalte bestehen, die aber durch die strengen Richtlinien zu entkräften sind. Die Wettbewerbssituation zwingt die Werke, diese Richtlinien möglichst zu übertreffen, um ihre Produkte zu verkaufen. Das »Gütezeichen Kompost« garantiert

Die Früchte der Arbeit zu ernten und zuzubereiten ist für Gärtner und Koch ein kulinarisches Erlebnis.

Auf optische Qualität kann man zugunsten von Frische, Aroma und Gesundheit verzichten.

Ein Hochbeet wirkt auch zwischen Bodenkulturen nicht als Fremdkörper, zumal auch das Holz im Laufe der Zeit eine natürliche Patina zeigt.

eine hohe Qualität durch den wochenlangen Rotteprozess bei Temperaturen bis zu +70 °C. So entsteht ein sehr nährstoffreiches Produkt mit einer Schadstoffbelastung unterhalb der zulässigen Werte.

Diesen Fertigkompost kann man als Naturdünger ansehen, der im Unterschied zu anderen Naturdüngern jedoch einen hohen Anteil der enthaltenen Nährstoffe bereits in wasserlöslicher, für Pflanzen sofort verfügbarer Form (ähnlich wie Mineraldünger) enthält. Zum Teil entfällt also der zeitraubende Umweg über die Mikroorganismen, entsprechend sparsam ist das Produkt allerdings zu verwenden.

Darüber hinaus bieten Kompostwerke auch Gartenerde an. Das ist angekaufter Mutterboden mit maschinell eingemischtem Fertigkompost. Zwar nicht mehr keimfrei, aber eine akzeptable Kulturschicht für ein neues Hochbeet oder zum Auffüllen. Wer selbst für den Abtransport sorgt, kann in jedem Fall den größeren Teil der Gesamtkosten sparen.

Bodenarten lassen sich nachahmen

Da die 25 bis 30 cm Kulturerde ohnehin gesondert aufgefüllt werden, kann man zum Beispiel schwere Gartenerde auch leichter zum sandigen Boden für Wurzelgemüse mischen. In den ersten Jahren können Sie die Bodenart durch Zugabe von Sand, Kompost sowie Kompost- oder Wurmerde immer wieder etwas den Erfahrungen anpassen und verbessern.

Denn durch den Rotteprozess sackt die Füllung um die 10 cm im Jahr zusammen und ist aufzufüllen. Hat sich das grobe Füllmaterial nach ein paar Jahren erst einmal zersetzt, sackt die Oberfläche nur noch wenig nach.

Weniger Bodenbearbeitung

Für einen derart aufbereiteten Boden genügt auch weniger Bodenbearbeitung. Lockern Sie den Boden mit Kultivator oder Sauzahn, ohne die Boden-

schichtung zu verändern. Um Krusten aufzubrechen und den Boden zu durchlüften, verwenden Sie am besten die Grabgabel. Mit ihr bleibt man nicht so leicht in Spanndrähten oder Verbindungsleisten hängen. Auch wenn die Arbeit mit der Grabgabel in Tischhöhe etwas anstrengender ist. In engen Abständen tief einstechen, hin und her bewegen und beim Herausziehen den Boden lockern. Auch einen Bodenlüfter kann man verwenden, wenn man Gerüstdielen als Standfläche über das Hochbeet legt.

Ursachen für den Erfolg

Ein bedeutender Vorteil ist die geringfügig höhere Temperatur im Hochbeet. Diese wird einmal erreicht durch den wärmeerzeugenden Verrottungsprozess, zum anderen durch die bessere Wärmespeicherfähigkeit im Vergleich zum Erdboden. Die Kulturschicht kühlt dadurch weniger aus. Daraus resultiert wiederum, dass die Mikroorganismen aktiver sind, und auch Perioden mit geringen Temperaturen wirken weniger negativ auf die Pflanzen. Bei keiner anderen Methode können Sie die Beetfläche so gezielt und intensiv vorbereiten, pflegen und nutzen wie im Hochbeet. Denn auch Gartenarbeit lässt sich in Tischhöhe, weil bequemer, auch sorgfältiger und mit nur geringer Belastung für den Rücken erledigen. So wird selbst vom Rollstuhl aus, die Beschäftigung mit Gartenpflanzen möglich.

Profitipp

Das Motiv für naturgemäßen Anbau im eigenen Nutzgarten muss seine Ursache nicht nur in einer umweltverträglichen Grundeinstellung haben. Auch wenn Gemüse aus eigenem Anbau selten wie Handelsklasse 1A aussieht – im Gegensatz zu industriell erzeugten Produkten, kann man das Essen erst mit eigenen Gartenerzeugnissen richtig genießen. So frische, ausgereifte und aromatische Waren finden sich in keinem Laden. Wer das anstrebt, kann zudem die Befriedigung über die eigene Leistung genießen.

Kasten-Hochbeet mit Abdeckung

Mit Brettern oder Bohlen lässt sich ein Hochbeet schneller errichten als mit Palisaden. Es kann im Einzelfall sogar auf einem großen Balkon oder der Dachterrasse angelegt und bei Bedarf auch schnell abgebaut werden. Die Abdeckung ermöglicht eine zusätzliche Nutzung als Frühbeet und zur Anzucht von Jungpflanzen.

AUF EINEN BLICK!

Material

Für einen Kasten 2250 mm lang, 650 mm tief aus imprägniertem Gartenholz »Kiefer«.

Pos.	Bauteil	Maße in mm	Anzahl
1	langes Seitenbrett	2250 x 24 x 160	6 Stück
2	kurze Seitenbretter	600 x 24 x 160	6 Stück
3	Ecklatten	850 x 28 x 68	6 stück
4	Querriegel	600 x 28 x 68	2 Stück
5	Lattenstücke	200 x 28 x 68	2 Stück
6	Rahmenseite lang	2200 x 24 x 160	2 Stück
7	Rahmenseite kurz	710 x 28 x 68	2 Stück
8	Drahtgitter	1200 x 1000	2 Stück
9	Drahtgitter	1200 x 240	1 Stück
10	Drahtgitter	700 x 320	2 Stück
11	Drahtbügel	1200 x 3,8 ø	2 Stück
12	Stahlwinkel	80 x 80 x 60	4 Stück
13	Schlossschrauben rostfrei	M8 x 80	2 Stück
14	Betonpflastersteine	200 x 100 x 60	6 Stück
	Panhead-Holzschrauben	5,0 x 25	50 Stück
	Edelstahl-Holzschrauben	5,0 x 50	140 Stück

Zubehör

13 mm Sechseck-Drahtgeflecht, Holzimprägnierung, Tackerklammern 18 mm, Bindedraht 2,0 mm, Wickeldraht 1,6 mm ø, Kordel 4 mm ø, Biomasse, Kompost, Gartenerde

Werkzeuge

Spaten, Schaufel, Handkreissäge, Bohrmaschine, Schrauber, Fuchsschwanz, Wasserwaage, Seitenschneider, Kombizange, Tacker, Plattenstreifen, Feile, Kantholz

Liebevoll gepflegte Pflanzen sollten gut geschützt werden.

E in Hochbeet aus Brettern ist als vorübergehende Einrichtung jedoch eigentlich viel zu schade. Es sollte gleich so gestaltet sein, dass es später noch als Früh- oder Anzuchtbeet, aber auch als temperaturgeschütztes Winterbeet oder für Pflanzen mit ganz besonderen Ansprüchen verwendet werden kann. Hierzu füllen Sie das neuangelegte Beet am besten im Herbst, damit nach der Winterpause gleich gesät werden kann. Für ein Hochbeet aus Brettern gelten übrigens die gleichen Vorteile wie für Hochbeete aus Palisaden: Der Boden lässt sich gut vorbereiten, und jede Beschäftigung am Hochbeet wird nicht von der Unbequemlichkeit der Arbeit am Boden getrübt. Die Wärmedämmung ist durch das dünnere Material allerdings nicht so gut gewährleistet.

Vorbereitung

Heben Sie zur Vorbereitung Rasensoden, Mutterboden oder Gartenerde aus und deponieren Sie diese. Je mehr nutzbaren Boden Sie für die Beetfüllung ausheben, desto tiefgründiger wird später die Erde im Beet. Wenn die Kiste auf einer befestigten Fläche stehen soll, ist noch der Ablauf für das Regenwasser

Seitenteil winkelrecht ausrichten.

Die Stirnflächen stehen lotrecht gestützt, um die langen Seitenbretter anzuschrauben.

Auf dem Kappsägetisch gelingen akkurat rechtwinkelige Zuschnitte.

Wenn die Stirnwände stehen, lassen sich die langen Seitenbretter montieren.

Sechseck-Drahtgeflecht in sehr kurzen Abständen antackern.

Selbst die Ritzen zwischen den Brettern kann man für Pflanzen nutzen.

Mit einem Tacker treiben Sie die Klammern möglichst dicht aneinander ins Holz.

Durch die Verstärkungsrippe im Bilo-Winkel wird der Rahmen verwindungssteif.

Kleine Kerben markieren die gleichmäßigen Abstände für die Saatreihen.

Die Abdeckung kann auch als Weidegitter für Kleintiere verwendet werden.

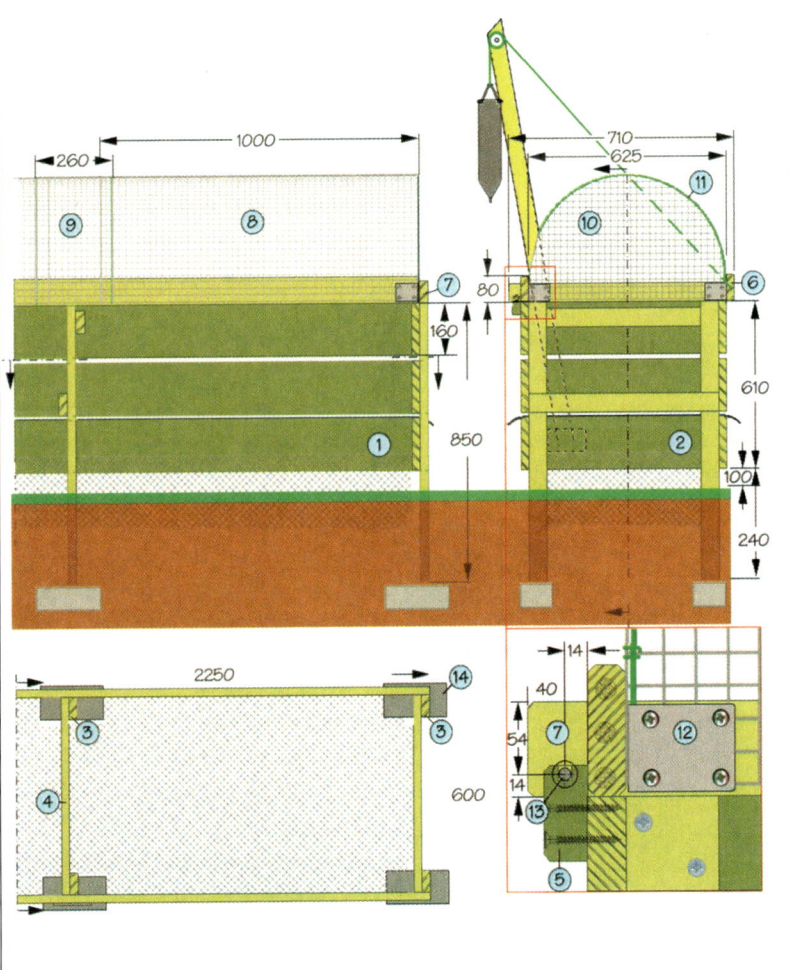

Wenn das Beet in einer Grünfläche steht, einen Teil der ausgestochenen Rasensoden rings um das Hochbeet einbauen, damit es am unteren Rand ganz vom Grün eingeschlossen wird.

zu berücksichtigen. Als preiswertes Baumaterial finden auch hier kesseldruckimprägnierte Bodenhölzer mit den Abmessungen 450 cm Länge und 24 x 160 mm Querschnitt sowie Zaunprofile mit 28 x 68 mm x 850 Verwendung. Auf den Schutz der Schnittflächen mit farbloser Imprägnierung sollten Sie nicht verzichten.

Auf gewachsenem Boden steht das Beet mit den vier Ecklatten auf Steinen, in gut 20 cm tiefen Gruben. Stampfen Sie die Steine mit einem langen Kantholz so weit fest in die Erde, dass eine der zuvor montierten Seitenwände genau waagerecht darauf steht. Richten Sie die gegenüberliegende Seitenwand nach der ersten aus und stellen Sie dann den Kasten mit den restlichen Brettern fertig. Erst wenn die Kastenseiten genau im rechten Winkel zueinander stehen – die Diagonalen müssen dazu gleich lang sein – werden die vier Beine mit Erde in den Gruben fixiert. Auch die senkrechte Latte in der Kastenmitte sollte auf einem Stein stehen, der sich aber leichter nach der Fer-

Profitipp

Aufzeichnungen darüber, was wann wo gesät wurde, sind immer hilfreich. Kleine Einschnitte mit Nummern in Abständen von 20 cm lassen sich gut zur Orientierung nutzen. Saatreihen in diesem engen Abstand sind in einem Hochbeet problemlos möglich, wenn man ausladende Pflanzen gegeneinander versetzt oder in Saatlücken pflanzt.

Knapp ein Kubikmeter Biomasse und Erde passen in den Beetkasten.

tigstellung der Seitenwand einbauen lässt. Wenn die Füllung im Kasten schon entsprechend hoch ist, befestigen Sie die Querverbindungen zwischen diesen senkrechten Latten. Andernfalls behindern die Querriegel zu sehr das Einschichten der Füllung. Vor dem Verfüllen des Hochbeetes sollten Sie den Kastenboden und ein Stück der Seitenwände noch mit einem engmaschigem Drahtgeflecht auskleiden, um zu verhindern, dass sich Wühler oder Mäuse in dem Beet einnisten.

Nachbargärten können auch zur Füllung beitragen

Für die Füllung können Sie nach dem herkömmlichen Prinzip vorgehen, das heißt, es ist jeder unbehandelte Stoff mit biologischem Ursprung geeignet. Verdichten Sie die Schichten aber nicht zu stark.
Es bleiben zwar noch genügend Zwischenräume für die notwenige Belüftung, der Druck darf aber nicht die Seitenwände auseinander drücken, bevor die Querverbindungen eingebaut sind. Wenn Sie jedoch genügend Biomasse zur Verfügung haben, können Sie auch den Kasten bis etwa 25 cm unter den Rand ganz mit Häckselgut, oben drauf mit einer Lage Grassoden (Grün nach unten) füllen. Dann sackt die Füllung weniger schnell ab, und Sie müssen nur etwa alle zwei bis drei Jahre Erde nachfüllen. Auf jeden Fall sollten Sie die 15 mm breiten Fugen zwischen den Brettern zum Beispiel von innen mit Bir-

Grob gehäckselt gelangt das gemischte Gut direkt ins Beet.

Den Einbau der Querriegel notfalls mit einer Schraubzwinge unterstützen.

kenreisig, Stroh oder Heu abdecken, damit dort weder Häckselgut noch Erde herausrieseln kann. Hinter den Fugen, in die Sie etwas pflanzen wollen, können Sie Grassoden legen oder Gartenerde hinter einer dünnen Heuschicht einfüllen.

Ein Schutzgitter für das Hochbeet

Die Haube aus einem Holzrahmen mit dem Tonnengewölbe aus Drahtgitter (19 x 19 mm, Drahtdicke 1,45 mm Durchmesser) ist nicht nur Schutz vor ungebetenen Nutzern. Für Vlies und Luftpolsterfolie als Wärmeschutz oder ein Insektenschutznetz ist sie eine dauerhafte Tragkonstruktion.
Sie lässt sich zudem leicht abnehmen und eignet sich dann als stabiles Weidegitter für Kleintiere.

Einfachste Lösung für den Dreh- und Angelpunkt zum Öffnen der Haube.

Fixierung des Schweißdrahtgitters

Rollen Sie zunächst das Drahtgitter auf einer festen und ebenen Fläche aus und drücken Sie es unter einem aufgelegten Plattenstreifen mit dem eigenen Körpergewicht plan. Zum Abtrennen der notwendigen Flächen die Drähte möglichst eng an den Kreuzungspunkten mit dem Seitenschneider trennen. Die Bahnen für das Gewölbe sind in der Zeichnung 1200 mm lang. Wenn Sie ganz sicher gehen wollen, entschärfen Sie die spitzen Drahtenden mit der Feile. Spannen Sie dazu die Gitterkante zwischen zwei Bretter. Tackern Sie zunächst die planebenen Gitter auf die langen Stücke des Rahmens. Dabei sollte das schmale Zwischenstück auf den Innenflächen der breiten Bahnen liegen. Verwenden Sie möglichst lange Klammern und setzen Sie eine Klammer über jede Drahtkreuzung. Das schmale Zwischenstück fixieren Sie jedoch nur an den kurzen Kanten, sonst sperrt es sich beim Biegen. Verschrauben Sie dann die beiden kurzen Rahmenseiten mit einer langen, um erst anschließend die Gitterflächen mit der anderen langen Rahmenseite zum Gewölbe zu biegen und ebenfalls an den Ecken fest zu verschrauben.

Rahmenhölzer zum Formen

Es genügt zunächst, wenn Sie nur die mittlere der drei Schrauben für die Eck-

Die engen Windungen vom Wickeldraht ebenfalls mit der Kombizange festziehen.

verbindung eindrehen. Dann können Sie anschließend die langen Rahmenseiten, mit einer angesetzten Schraubzwinge als Handgriff, senkrecht ausrichten und mit zwei weiteren Schrauben die Eckverbindung vollenden. Stabile Stahlwinkel, in die Innenecken des Rahmens geschraubt, sind eine zusätzliche Aussteifung. Für die Halbkreise der Stirnflächen formen Sie jeweils einen Bügel aus dickem Spanndraht, so dass er genau in die Wölbung passt. Diesen Bügel befestigen Sie mit Bindedrahtschlingen auf dem passenden Gitterzuschnitt und kneifen die Drähte knapp am Bügel ab. Damit erhalten Sie ein Formteil, das genau in die Gitterwölbung passt. Dort wird es an der Außenkante mit 1,6 mm dickem Wickeldraht mit dem Gewölbegitter verbunden und schließlich am kurzen Rahmenstück angeklammert.

Lösungen für das Haubenscharnier

Für den Drehpunkt stehen die kurzen Rahmenstücke etwa 40 mm nach hinten über. In Orientierung an der Detailskizze werden dort Schlossschrauben M8 x 80 in eine 7,5 mm Bohrung gepresst. Pressen Sie dabei mit einer Schraubzwinge die Latte zusammen, damit das Holz nicht aufplatzt. Als Lager für die überstehende Schraube dient ein 200 mm langes Lattenstück mit einer eingesägten Nut. So lässt sich die Haube um 90 Grad öffnen und ohne besondere Vorbereitung abnehmen. Wenn die Haube auf dem Beet bleiben kann, können Sie als Lager für die überstehende Schraube auch Ösenschrauben in die Lattenstücke drehen.

Komfortabel und sicher mit Ausgleichgewichten

In jedem Fall wird die geöffnete Haube von einer kräftigen, in Schlingen angeschraubten Kordel gehalten. Um zu verhindern, dass sich die Haube durch Unachtsamkeit von alleine schließt, können Sie eine wetterfeste Kordel (Yachtzubehör) auch über eine Umlenkrolle an kurze Masten führen. Ein mit

Mit der Kombizange lassen sich die Drahtschlingen fest verdrillen.

Die Kontur folgt genau dem zuvor eingepassten Drahtbügel.

der Sandfüllung austariertes Regenfallrohr als Gegengewicht hält die Haube in jeder Stellung fest. Machen Sie das Rohr am unteren Ende in kochendem Wasser oder mit Heißluft weich, quetschen Sie es zusammen und fixieren Sie es mit zwei Schrauben, damit der Sand nicht entweicht, Regenwasser aber abfließen kann.

Praxistipp

Für die Bepflanzung eines Hochbeetes werden schnellwachsende Sorten im Anfangsstadium bevorzugt. Hierzu zählen beispielsweise Kresse, Rauke, Radieschen, Kartoffeln, Schnittsalat, Zuckererbsen; aber auch Jungpflanzen für Kohlrabi, Balkontomaten und Schnittblumen, kleine Sonnenblumen und vor allem Monatserdbeeren. An der sonnigsten Beetseite finden sie optimale Wachstumsbedingungen. Auch zwergwüchsige Kapuzinerkresse, deren Blüten und Blätter übrigens eine wohlschmeckende Dekoration auf dem Salatteller abgeben, wachsen in den Ritzen. Ein kleiner Platz neben dem Beet sollte noch für ein paar Himbeerranken und Beerenbüsche reserviert bleiben.

Terrassenbeet
für Würzkräuter

In begrüntem Gelände wirken **Staudenbeete** als angenehme Auflockerung. Dabei kann man das Angenehme mit dem Nützlichen verbinden und mehrjährige **Würzkräuter** anpflanzen.

Ob man Würzkräuter auf geometrisch exakten, von Buchsbaum eingefassten Flächen wie im alten Bauerngarten, auf einem spiralförmigen Hügelbeet oder in Reih und Glied im Nutzgarten anbaut, hängt nicht zuletzt vom verfügbaren Gelände ab. Kräuterstauden sind aber in jedem Fall so attraktiv, dass man ein Beet extra für sie reservieren sollte.

Sonniger Standort auf mehreren Ebenen

Ideal ist zum Beispiel ein Staudenbeet, jederzeit gut erreichbar, das sich in unmittelbarer Nähe der Hausterrasse befindet. Wenn Sie dazu noch eine vollsonnige, nach Süd-West geneigte Böschung nutzen können, ist das für Würzkräuter der bestmögliche Stand-

Material
Stampfholz, Grubensand, Geröllbrocken, Zement, Pflanzencontainer, Sprühregner, Wasserpipeline, Siebgewebe

Werkzeuge
Grabwerkzeuge, Richtschnur, Bandmaß, Schonhammer, Richtlatte, Schraubzwingen

ort. In terrassenartig angelegten Beeten an einer Böschung müssen die Stauden nämlich weniger im Schatten der anderen Kräuter stehen. Da viele dieser Pflanzenarten aus gemäßigten Klimazonen stammen, entwickelt sich ihr volles Aroma am besten in viel Sonne und Wärme – Humusboden mit viel natürlichen Nährstoffen vorausgesetzt. Sicher blüht es in einem Kräuterbeet weniger bunt als in einem Zierbeet. Die vielfälti-

Eingeschlagene Pfosten und die Richtschnur markieren die äußeren Umrisse.

Ideal ist ein Kräuterbeet, eingefasst von Halbpalisaden, das sich unmittelbar an die Hausterrasse anschließt.

Ein Metallprofil bestimmt hier die gewünschte Richtung für das Gefälle.

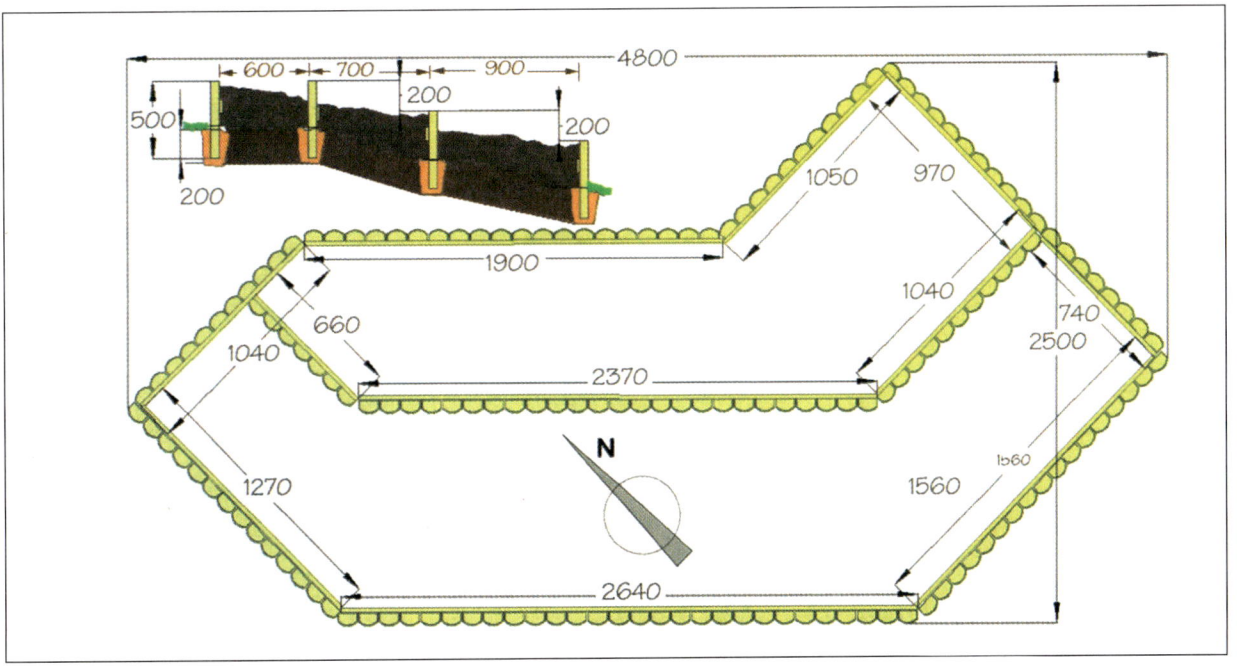

Die Einzelflächen sollen nur so groß sein, dass man das Beet pflegen und die Kräuter zum Ernten auch gut erreichen kann.

Zu beiden Seiten der Palisaden füllt eine Hand breit festgestampfter Sand den Graben.

Auch für die Aufteilung der Innenfläche lassen sich die Palisaden an Richtprofilen aufstellen.

gewünschte Flächenform gestalten. Wenigstens ein Drittel der Gesamtlänge sollte fest im Boden stecken, in einem Bett aus festgestampftem Grubensand. Für das Anlegen ist der Herbst die günstigste Zeit. Dann können umzupflanzende oder neue Kräuterstauden über den Winter schon am neuen Standort wurzeln, um im Frühjahr erneut auszutreiben.

Palisaden im Graben einbauen

Zunächst die Abstände zwischen den Ecken für den gewünschten Umriss ausmessen und die Ecken mit Pfählen markieren. Ein um die Pfähle gespanntes Seil ist die Richtschnur für den auszuhebenden Graben. Er soll etwa die halbe Palisadenlänge tief und die dreifache Palisadendicke breit werden, damit auch das Holz zum Stampfen noch hineinpasst. Wird das Beet in einer begrünten Fläche angelegt, stechen Sie

Schmale Streifen vom ausgehobenen Rasensoden stellen den Anschluss zur Grünfläche her.

gen Grüntöne, ab und zu von kleineren Blüten in vielen Farben unterbrochen, haben jedoch auch ihren Reiz. Und wenn an lauen Sommerabenden ein würziger Hauch über die Terrasse weht, fühlt man sich fast wie auf einer Mittelmeerinsel.

Profitipp

Damit die Palisaden exakt in einer Reihe stehen bleiben, können Sie noch Leisten oder Schwarten in halber Höhe auf die Innenflächen schrauben. Dort bleiben sie, von einer Erdschicht bedeckt, unsichtbar. Schwarten liegen oft als Zwischenlagen in den Stapeln kesseldruckimprägnierter Ware. Die Schwarten sind ebenfalls imprägniert und als Abfall auch kostenlos zu bekommen.

Unbeschränkt gestaltungsfähig

Um jedoch eine halbwegs waagerechte Erdoberfläche zu erhalten, von der die Erde bei starkem Regen nicht weggewaschen wird, kommen solche Beete nicht ohne Einfassung aus. Dafür eignen sich einzeln eingebaute Minipalisaden besonders gut. Sie können nämlich in kleinen Stufen der Geländeform folgen und fügen sich deshalb besser in das Gesamtbild des Gartens ein als Bretter, Mauern oder Platten. Außerdem lassen sich mit Palisaden leichter völlig freie, geometrische Formen gestalten. Kurzpalisaden (50 oder 75 cm lang) aus kesseldruckimprägniertem Gartenholz sind dafür ein variables und dauerhaftes Baumaterial. Damit lässt sich jede

Große Feldsteine dienen als Trittflächen.

In Töpfen eingepflanzt, finden die nicht winterharten Kräuter ihren Platz im Beet.

Wenn Rosmarin, Salbei und Thymian in Töpfen nach den letzten Frösten wieder ins Freiland dürfen, ist auch die richtige Zeit für eine dicke Schicht Rindenmulch auf dem Beet.

Noch sieht im Licht der abendlichen Herbstsonne alles etwas spärlich aus.

zunächst nur den Rasen ein und heben Sie die Soden in schmalen Bahnen ab. Mit diesen Streifen wird der Anschluss an die Rasenfläche wiederhergestellt.

Den Grund des Grabens mit Sand auffüllen und zuerst die Palisaden an den Ecken vorläufig, aber in der richtigen Höhe einbauen. Ein Brett oder eine Aluschiene mit Schraubzwingen an die Eckpalisaden spannen. So hat man eine gerade Anlage für Richtung und Höhe.

Grubensand als Füllmaterial

Mit einem Schon- oder Holzhammer lassen sich jetzt die einzelnen Palisaden in das Sandbett klopfen. Schläge mit

einem üblichen Hammer würden die Holzfläche beschädigen. Auf diese Weise wird zunächst die Einbauhöhe reguliert. Anschließend füllen Sie von beiden Seiten Sand ein und stampfen ihn fest. Der zuvor ausgehobene Boden ist in der Regel für diesen Zweck ungeeignet. Er lässt sich nicht genug verdichten und wird bei Nässe wieder weich. Lassen Sie auf der Außenseite, neben den Palisaden noch etwas Platz für die Rasenstreifen. Diese sollten sie möglichst umgehend wieder einsetzen, damit die Wurzeln nicht vertrocknen. Im gleichen Verfahren fügen sie die Zwischenwände ein. Je steiler das Gefälle der Böschung, um so schmaler die einzelnen Ebenen und um so wärmer wird übrigens auch das Kleinklima in einem

solchen Beet. Wie die Zeichnung zeigt (s. S. 139), sind bei 20 cm Stufen 90 cm breite Flächen möglich.

Ab 60 cm Flächenbreite sollten Sie ein paar große Geröllbrocken als Trittsteine für die Pflege und Ernte in den Boden einsetzen. Auch sie müssen auf einem Sandbett liegen, damit man später ohne Unsicherheiten darauf stehen kann. Etwas untergemischter Zement verfestigt den Sand zusätzlich.

Lebensgrundlage für Kräuterstauden

Für die Füllung eine großzügig mit angerottetem Kompost als Humuslieferant angereicherte, sandige Gartenerde

Selbstgezogene Kräuter für die Erst- oder Ersatzbepflanzung.

Mitten in einer Rasenfläche oder der Gartenwiese ist das Kräuterbeet sowohl ein nützlicher Lieferant für die Küche als auch ein Gestaltungselement.

Stauden warten vorübergehend in Töpfen, bis sie eingepflanz werden.

Spärlich erscheinen umgepflanzte Stauden im neuen Beet ...

... bis sie in der nächsten Saison im Überfluss zur Verfügung stehen.

verwenden. In einer etwa 20 cm dicken Schicht über dem gelockerten Untergrund, der in ebenso dicker Schicht aus Mutterboden bestehen sollte, auftragen.

Beim Füllen mit Erde können Sie gleich Pflanzencontainer miteinbauen, die den in Tontöpfen kultivierten, nicht winterharten Kräutern den Platz bis zum Frühjahr freihalten. Das können Rosmarinsträucher sein, die an hellem, kühlem Ort im Haus überwintern müssen, oder zum Beispiel auch Schnittlauch, Thymian oder Winterheckenzwiebeln – Kräuter die sich auch zur Winterzeit im Haus nutzen lassen.

Mulchschicht mit vielen Vorteilen

Wenn im Frühsommer die eingefüllte Erde schon nachgesackt ist, versorgt eine 5 cm dicke Schicht Rindenmulch oder angerotteter Kompost aus gehäckseltem Material den Boden den Sommer über dem Humus. Gleichzeitig verhindert die aufgetragene Schicht, dass die Feuchtigkeit im Boden allzu schnell verdunstet. Außerdem hält Sie die Beetfläche weitgehend frei von unerwünschtem Unkraut. Sie ist zu nährstofffarm – eingetragene Samen können zwar keimen, sterben dann aber meistens ab, bevor die Wurzel den feuchten

Gartenboden unter dem Rindenmulch erreichen kann.

Und wenn das Unkraut dennoch sprießen sollte, ist das zumeist auch kein Problem, denn aus der lockeren Schicht lässt es sich leicht entfernen.

Kräuterkulturen

Ein vollsonniger und dicht bepflanzter Standort hat trotz einer dicken Mulchschicht erhöhten Wasserbedarf. Ein per Wasserpipeline versorgter Sprühregner sorgt, möglichst gleich nach Sonnenaufgang, für die notwendige Feuchtigkeit. Mehr dazu finden Sie auf den Seiten zur Bewässerung.

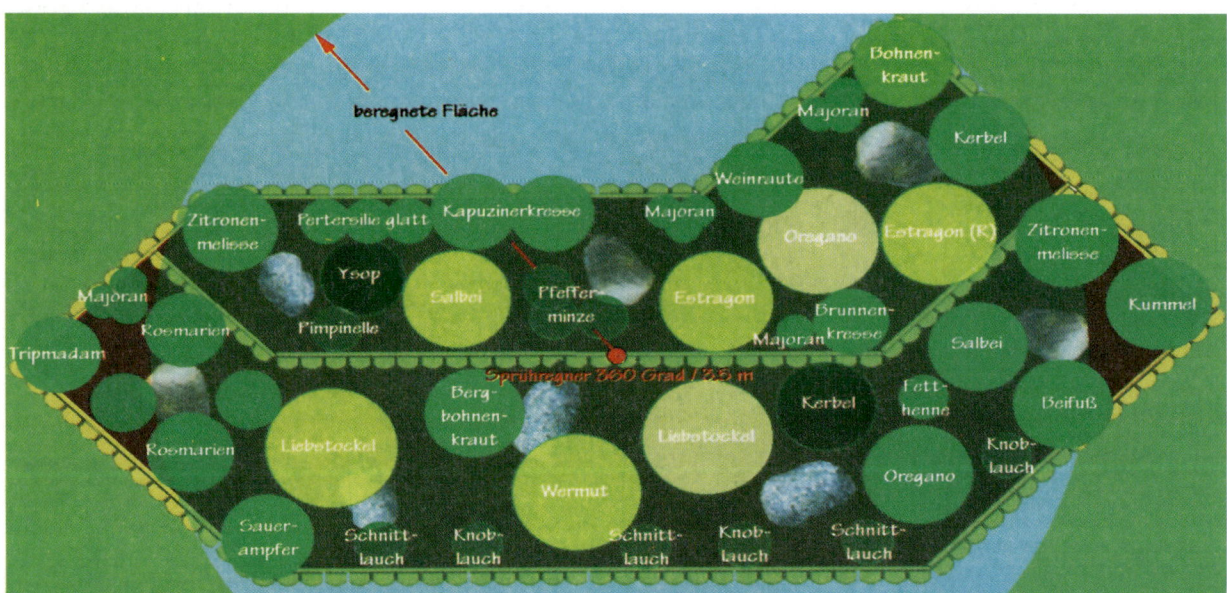

Nur wenige einjährige Stauden sind unter den genannten Würzkräutern. Aber auch sie kommen immer wieder, wenn ihre Samen ausreifen können.

Oregano entwickelt erst getrocknet das typische Aroma.

Von vielen Schnittlauchpflanzen im Beet dürfen einige auch blühen.

Eigene Jungpflanzenschule

Das reichhaltige Angebot an Kräutern können Sie sich auf vielfältige Weise beschaffen. Bei fürsorglicher Anzucht aus Samen hat man die größte Auswahl und Sicherheit, dass die Pflanzen gedeihen. Es dauert jedoch seine Zeit und erfordert Geduld, bis man die ersten respektablen Pflanzen bewundern oder die ersten Blättchen ernten kann.

Vorgezogene Jungpflanzen gibt es fast nur im Frühjahr. Sie stammen meistens aus dem Gewächshaus und sind dementsprechend sorgsam einzugewöhnen. Vorausplanend den Sommer über in Töpfen gezogen, kann man sie im Herbst auf das neu angelegte Beet

pflanzen. Ausfälle muss man jedoch stets einkalkulieren und deshalb entsprechend einkaufen.

Vorsorge beim Pflanzen

Für die Neupflanzung geben nur Stauden aus dem eigenen Garten oder Staudenteile aus anderen Gärten der Region die Gewähr, dass man im Frühjahr nach dem Neubau schon mit einem dicht bewachsenen Beet rechnen kann.
Ein paar der Kräuterstauden neigen dazu, sich so auszudehnen, dass sie andere Arten verdrängen (Beifuß, Liebstöckel, Oregano, Wermut) oder unkontrollierbar die Ordnung stören (Pfefferminze). Entweder man lässt der Natur freien Lauf und trennt nur von

Zeit zu Zeit allzu wuchernde Wurzelteile ab oder man setzt sie in große Tontöpfe, die Wasser hinein-, aber Wurzeln nicht herauslassen, sofern der Rand über die Erdoberfläche ragt. Kräuter in Tontöpfen sind jedoch meist nach ein paar Jahren abgefroren. Feinstes Siebgewebe (Siebdruckerei), um den Wurzelballen gewickelt, hat den gleichen Nutzen, ist aber haltbarer.

Ökotipp

Verwenden Sie vor allem für Würzkräuter nur langsam wirkende Naturdünger – vornehmlich Kompost. Mit schnell verfügbaren Nährstoffen entwickeln Würzkräuter nur wenig Aroma und wirksame Inhaltsstoffe.

Praxistipp

Eine große Auswahl an Kräuter-Jungpflanzen kann man fast das ganze Jahr über bei spezialisierten Gärtnereien kaufen bzw. bestellen. Aber auch hier muss durch den Standortwechsel mit Ausfällen gerechnet werden.
Große, aber teure Rosmarinsträucher oder Thymianstauden sollte man vor dem Kauf aus dem Plastikcontainer nehmen und den Erdballen genau betrachten, ob er auch gut durchwurzelt ist. Viele Pflanzen werden nämlich nur zum Verkauf in Töpfe gesetzt und sind daher lediglich zum alsbaldigen Verbrauch geeignet.

Mischkultur im Kräuterbeet ohne feste Regeln. Warum auch nicht?

Bei dieser Auswahl kann man wirklich, wie oft empfohlen, mit Kräutern würzen.

Spaliere für
Beerensträucher

Nutzflächen im Hausgarten

sind meist knapp bemessen.

Zieht man die

Beerensträucher
an Spalieren

in die Höhe, lassen sich auch auf

wenigen Quadratmetern sehr

erfreuliche Ernten erzielen.

Dieses Prinzip lässt sich auf Sträucher mit Stachel-, Johannis- und Jostabeeren anwenden. Dazu müssen Sie nur die herkömmlichen Rankgerüste zu breiteren Spalieren erweitern. Im Erwerbsgartenbau ist das schon lange üblich. Warum sollte man im privaten Bereich auf die erkennbaren Vorteile dieser Methode verzichten? Um sie zu nutzen, werden die dicksten Äste nicht wie üblich alle paar Jahre ausgelichtet. Sie bleiben stehen, und die jährlich neuen Triebe werden an Spanndrähten seitwärts geleitet. Der Neuzuwachs in halber Höhe kann eingekürzt auch noch Früchte tragen.

Wuchshöhe einplanen

Bei Neupflanzungen dauert es zwar auch bei guter Pflege einige Jahre bis die Äste mannshoch werden. Ein Spaliergerüst sollte man dennoch gleich in der gewünschten Endhöhe anfertigen, damit sich der Aufwand für viele Jahre lohnt.

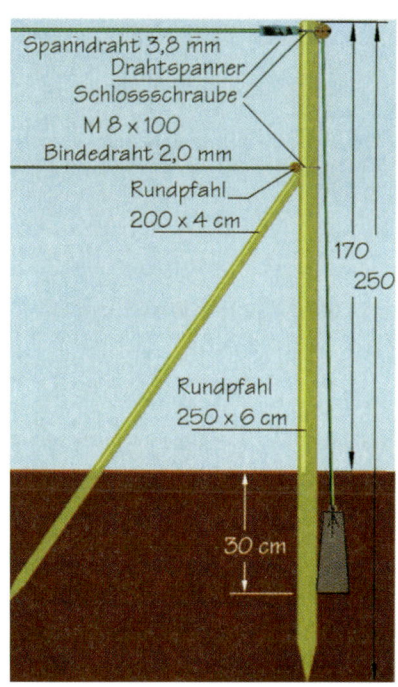

Je schräger die Stützpfähle stehen, um so straffer lassen sich die Drähte spannen.

Mit einem Rammrohr lassen sich Pfähle mit wenigen Schlägen in den Boden treiben.

Mit rundgeschälten Pfählen aus kesseldruckimprägniertem Holz, zweifach verzinkten und kunststoffummanteltem Draht und möglichst rostfreien Schrauben ist diese Lebensdauer auch kein Problem. Die Drähte lassen sich straff spannen, wenn die Pfähle

– etwa ein Drittel ihrer Gesamtlänge in den Boden gerammt,
– von geneigten Pfählen gestützt und
– von einem Bodenanker verspannt werden.

Die Spanndrähte sollen schließlich nicht nur Zweige und Früchte tragen. Schutzvliese in späten Frostnächten und Schutznetze gegen ungebetene, gefiederte Gäste lassen sich viel leichter über die Drähte als über die Sträucher legen. Pfähle zerstören beim Einrammen zwar weniger Wurzelwerk, als das beim Eingraben der Fall wäre. Das Einrammen selbst ist jedoch nicht so einfach. Denn mit einem schweren Vorschlaghammer (mindestens 10 kg) in 2,5 m Höhe treffsichere Schläge zu führen, ist auch für geübte Handwerker unmöglich.

Pfiffiges Spezialwerkzeug

Pioniere und THW haben dafür ein sehr zweckmäßiges Werkzeug zur Verfügung, das im Handel leider kaum erhältlich ist. Es besteht aus einem schweren, knapp 1 m langen Rundrohr, das am oberen Ende mit einem massiven Deckel zugeschweißt ist.

An den Seiten hat es zwei lange Bügelgriffe, an denen man das über den Pfahl gestülpte Rohr als Ramme benutzen kann. Das ist sehr wirkungsvoll und sicher. Der Pfahl wird gleichzeitig geführt, und das obere Ende bleibt trotz wuchtiger Schläge heil. Ein schwerer Fertigtorpfosten aus Vierkantstahlrohr erfüllt für den Hausgebrauch jedoch den gleichen Zweck. Dieser hat außer-

Genau ins Bohrloch passende Schrauben, gegen einen Feldstein als Widerlager, eintreiben.

Auch eine Stockschraube als Stahldübel bietet eine belastbare Verbindung.

Von zwei bis drei Windungen Bindedraht werden die Drahtspanner gehalten.

Drahtenden erst um den Spanndraht und dann um den Trieb winden.

dem den Vorteil, dass man die Wasserwaage zuverlässig anlegen kann, um den Pfahl kontrolliert senkrecht einzurammen. Vor dem Einrammen sollten Sie den Pfahl an den entsprechenden Stellen durchbohren und etwas einkerben, damit sich die Querstücke in diese Aussparungen legen können. Die gerundete Aussparung schaffen Raspel, Sandplatefeile oder die Umlenkrolle am Handschleifer.

Pfahlgerüste lot- und winkelrecht aufbauen

Das obere Querstück kann etwa 80 cm, das mittlere etwa 60 cm lang sein. Die mögliche Spalierbreite hängt natürlich zunächst vom verfügbaren Platz ab. Die Bohrungen in den Querstücken sollten Sie, erst nachdem die senkrechten Pfähle parallel zueinander eingerammt sind, dem endgültigen Abstand entsprechend durchbohren. Zu leicht werden die Pfähle durch Hindernisse im Boden etwas abgelenkt, was man jedoch leicht mit den Querstücken korrigieren kann. Für die Verbindungen der Pfähle untereinander sind durchgehende Schlossschrauben besonders geeignet. Vor allem im mittleren Querstück, das den Druck der Stützpfähle aushalten muss, sollten die Schrauben stramm ins Bohrloch passen.

Stützpfähle anpassen

Schrägen Sie den Stützpfahl am Kopf etwas ab, so dass er unter das Quer-

stück passt. Dort wird er mit einer Holzschraube fixiert, damit er nicht zu den Seiten hin ausweichen kann. Eine andere Möglichkeit für diese Verbindung: 8 mm Stockschrauben (Waschtischbefestigungen) in den vorgebohrten, aber bereits eingerammten Stützpfahl drehen und an entsprechender Stelle den senkrechten Pfahl so anbohren, dass man die Stockschraube hineinstecken kann.

Dabei dürfen sich die senkrechten Pfähle eher ein wenig nach außen neigen, die Spannung der Drähte zieht sie dann senkrecht und die Verbindung zusammen. Die straff gespannten Drähte können die Pfähle (durch die Hebelwirkung am Stützpfahl) mit der Zeit wieder etwas aus dem Boden ziehen.

Dem kann man mit einem Bodenanker entgegenwirken. Ein möglichst enges, zum Grund hin erweitertes, ewa 30 cm tiefes Loch mit festgestampftem Beton füllen. Dabei gleichzeitig eine 8–förmige Schlaufe aus Spanndraht miteinbetonieren. So ein Anker lässt sich dann mit hohen Zugkräften belasten, wenn der Beton die Grube vor allem am verbreitertem Boden prall ausfüllt. Drahtverbindungen von der Schlaufe zu den oberen Enden der Pfähle halten die Stützpfähle im Boden fest. Auf diese Weise lassen sich bis zu 6 m zwischen zwei Pfahlgerüsten ohne Mittelstütze überspannen. Wenn Sie zusätzlich noch einen Drahtspanner oder ein Spannschloss einbauen, haben Sie die Möglichkeit zum Nachspannen oder auch zum Entspannen in der Frostperiode, da sich sonst der Bodenanker lockern könnte.

Spanndrähte nicht übermäßig spannen

Für die oberen Spanndrähte, die Drahtspanner in einen Ring mit zwei bis drei Windungen um das obere Querstück einfädeln, die Drahtenden zu Haken gebogen einhängen, umbiegen und den Drahtring mit dem Spanner verdrillen. In der Regel genügt es, wenn nur an einem Ende des Spaliers Drahtspanner eingesetzt werden. Sollten sie für späteres Nachspannen nicht ausreichen,

Weniger als 50 cm Seitenlänge sollte der dreieckige Auflagerahmen nicht haben.

kann man auch noch nachträglich am anderen Ende ebenfalls Drahtspanner montieren. Äste und Triebe lassen sich gut mit 1,25 mm dickem Bindedraht befestigen. Diesen Draht muss man nicht verknoten oder verdrillen. Es genügt, ihn in wenigen Windungen um den Zweig und um den Spanndraht zu schlingen.

Stützgerüst

Hochstämmchen für Beerenobst sind nicht nur bequem abzuernten, sie erlauben auch die bessere Nutzung der frei bleibenden Bodenfläche. Das dünne Stämmchen ist für die ernteschwere Krone aber schnell viel zu schwach. Für das Stützgerüst sind drei dünne, 180 cm lange Pfähle erforderlich. Jeweils ein

Praxistipp

Lassen Sie Beerenobst möglichst lange am Strauch reifen. Nur dann können die Beeren ihr volles Aroma entwickeln. Diesen Genuss aus dem eigenen Garten kann nicht einmal selbstgepflücktes Plantagenobst bieten.

50 cm langes Stück von oben absägen und deren Enden etwas anschrägen. Dann passen die quer angebrachten Stücke an den überstehenden Enden eng zusammen. Die Pfähle an den Spitzen von einem gleichseitigen Dreieck, das aus den Quersstücken gebildet wird, senkrecht in den Boden treiben. Etwa in Höhe der Veredelungsstelle die Querstücke waagerecht mit Edelstahl-

schrauben befestigen. Die senkrechten Pfähle werden dabei etwas zueinander geneigt und stehen dadurch noch fester. So können zunächst drei Bindegurte das Stämmchen, ohne es einzuengen, halten. Später werden die Zweige der Krone von den Querhölzern abgestützt. Für größere Kronen, z. B. von schwarzen Johannisbeeren, ist ein Quadrat aus vier Pfählen günstiger.

Gleichmäßig weit vom Pflanzloch werden die Pfähle senkrecht in den Boden gerammt.

Schrauben lassen sich an solchen Konstruktionen leichter eindrehen als Nägel einschlagen.

Speisepilze aus eigenem Anbau

Frische Pilze aus der Natur gibt es nur wenige Wochen **im Herbst**. Einige Arten lassen sich jedoch auch, bei sehr einfachen Voraussetzungen, fast das ganze Jahr über selbst anbauen und ernten.

Je frischer, desto besser – das gilt besonders für die sehr leicht verderblichen Pilze. Welcher Weg könnte kürzer sein als der aus dem eigenen Garten direkt in die Küche. Der Anbau ist nicht schwierig, denn Pilze sind genügsam. Dort, wo im Garten sonst kaum noch etwas wächst, im Schatten hinterm Haus, auf dem Balkon an Nord- oder Ostseite, unter dem überdachten Carport oder im Keller, für eine Pilzkultur reicht es immer.

Nur feucht muss es sein, mit leichter Luftbewegung und schattig kühl. Wenig Licht reicht. Licht brauchen Pilze im Gegensatz zu Grünpflanzen nicht besonders viel.

Wählen Sie zwischen Fertigkulturen und Eigenanbau

Fertigkulturen auf Spezialkompost oder auf Strohsubstrat in Styroporkästen

oder Plastiksäcken gibt es für mehr als ein Dutzend Arten. Champignons, Austernseitling und Braunkappen sind die Favoriten. Zum Teil ist für diese Kulturen nicht einmal ein Garten notwendig.
Nur mit dem Anbau auf Strohballen, Rundhölzern oder gehäckseltem Holz sollte man ins Freie gehen. Auf massiven Rundhölzern kultivierte Pilze haben durch das reichere Nährstoffangebot und das langsamere Wachstum ein intensiveres Aroma als Pilze von Strohsubstraten.

Bodenkontakt ist die Ausnahme

Die Rundhölzer mit Austernseitlingen brauchen außerdem ständigen Kontakt zum feuchten Boden. Ist der Untergrund sehr humusreich, wächst das Myzel sogar in den Boden und treibt von dort noch Pilze aus. Sonst entspricht der Anbau auf Holz dem der Shiikakultur auf den folgenden Seiten. Die Hölzer für Austernseitlinge sollten jedoch nicht länger als 50 cm sein, dürfen aber bis zu 25 cm Durchmesser haben. Dann bleiben sie sicherer auf dem Boden stehen.
Die Nährstoffgrundlage, das Substrat für Champignons hat eine besondere Zusammensetzung. Die Rezeptur ist für den privaten Anbau nicht geeignet. Der Handel bietet komplette Kulturkästen, die sich in idealer Weise für erste Erfahrungen eignen – auch für den Vergleich zwischen frischer Eigenernte und Handelsware.

Einfaches Stroh reicht als Kultursubstrat

Das Stroh für die Kultur der Austernseitlinge im Foliensack kann man in Form

Champignon-Fertigkultur. Für den ersten Versuch, auch für Zimmer- und Balkongärtner geeignet.

Mehr als zwei bis drei solcher Ernten kann man aus einer flachen Schale nicht erwarten.

Gewässertes Häckselgut, mit Pilzbrut vermischt, in Folie gepackt, leicht beschwert.

Auf dieser Schale wachsen an frischer Luft bald die ersten Austernseitlinge.

Frisch durchwachsenes Substrat kann man zur Vermehrung entnehmen.

Ist das Häckselgut durchwachsen, kommen die Schalen an die frische Luft im Schatten.

Die Mischung aus feuchten Sägespänen und Pilzbrut in die Schlitze füllen.

Austernpilzernte vom Strohsubtrat aus wasserdichtem Holzkasten. Den Stiel stets knapp über dem Substrat abschneiden.

gepresster Briketts kaufen. Für den Anbau in Schalen oder Kästen nimmt man möglichst frische Strohballen und schickt das Material durch einen hochtourigen Häcksler.

Mit kochendem Wasser überbrühen und etwa 30 Minuten weichen lassen. Dann kann man das Häckselgut mit den Händen gut auspressen und fest angedrückt in einigen dünnen Schichten in die Pikierschalen füllen. In der Mitte zwischen zwei Schichten die Pilzbrut in kleinen Stücken verteilen. In Plastikfolie einpacken, mehrere Schalen übereinander stapeln und den Stapel mit Gewichten beschweren. Überschüssiges Wasser gießen Sie nach ein paar Stunden einfach ab.

Mit regelmäßigen Kontrollen Anteil an der Entwicklung nehmen

So stellen Sie die Schalen an einen dunklen, warmen Ort (Raumtemperatur). Das Strohsubstrat soll sehr feucht, aber keinesfalls nass sein. Nach zwei bis vier Wochen können Sie nachsehen, ob sich frisches, fast weißes Myzel zeigt. Die Zeit, bis die Fläche unter der Folie unter den jeweiligen Bedingungen durchwachsen und weiß ist, lässt sich jedoch kaum vorhersehen.

Kontrollieren Sie in kurzen Abständen, um den richtigen Zeitpunkt nicht zu verpassen, wenn die Schalen an einen feucht-kühlen Ort in frischer Luft mit wenig Licht kommen müssen. Der Zeitpunkt ist dann gekommen, wenn das Myzel sich fast auf der gesamten Oberfläche zeigt.

Ökotipp

Wild wachsende Waldpilze sollte man möglichst weder sammeln noch in größeren Mengen verzehren. Der ohnehin schon stark strapazierte Wald braucht sie unbedingt für sein ökologisches Gleichgewicht. Außerdem bilden sich in der besonderen Struktur des Myzels und der Fruchtkörper wesentlich höhere Ablagerungen von Schadstoffen als in Wurzeln und Pflanzen. Bei eigenen Pilzkulturen, die überdacht sind, entfällt sogar die Schadstoffbelastung aus dem Regen.

Fruchtkörper erschei-
nen in Schüben

An der Luft trocknet das oberflächliche Myzel wieder ein und wird braun. Ab und zu mit Wasser übersprüht, werden sich jedoch bald die ersten Austernseitlinge zeigen. Wenn diese abgeerntet sind, dauert es nur ein paar Wochen, bis wieder Pilze wachsen. In dieser Zeit darf das Substrat weder austrocknen noch tropfnass werden. Nach dem dritten oder vierten Satz sind die Nährstoffe erschöpft. Dann kommt das restliche Substrat in den Kompostsilo.

Anbau auf Strohballen

Der Anbau auf Häckselgut oder Stroh-ballen erfolgt ab Frühjahr bis Herbst nach dem gleichen Prinzip: Gut feuch-tes, aber nicht tropfnasses, dicht gepresstes Substrat mit Pilzbrut impfen, anschließend mit Folie gegen den Ver-lust der Feuchtigkeit schützen und war-ten. Je nach Klima und Temperatur sprießen auf Stroh frühestens nach drei Monaten, vielleicht auch erst im nächs-ten Jahr die Pilze. Im Freien ist eine Deckschicht aus Heu oder Holzwolle, mit Jutesäcken zugedeckt und ab und zu beregnet, empfehlenswert. Unter der Folie kann sich trotz häufiger Kon-trolle schon mal die »Konkurrenz« Schimmelpilz ausbreiten, und wenn man sie nicht schnell und restlos aus-räumt, bedeutet das meistens das Ende für den kultivierten Pilz.

Biologische
Besonderheiten

Erfolg oder auch Misserfolg lässt sich leichter verstehen, wenn man etwas

Sicherheitstipp

Speisepilze sind roh zwar recht aroma-tisch, außer Champignons jedoch mit großer Vorsicht zu gießen. Sie können der Auslöser für allergische Reaktio-nen sein. Wenn Sie sie jedoch kurz in kochendes Wasser tauchen (blanchie-ren), werden die bedenklichen Sub-stanzen zerstört.

Luftig abgedeckt, feucht und warm gehalten – so wächst die Brut als Pilzmy-zel in ein paar Wochen ins Holz.

Frisch geimpfte Strohballen mit Austern-seitling und Braunkappen. Die Folie hält Feuchtigkeit und Wärme.

Häckselgut von frischen Zweigen und Ästen an einem schattigen Platz von Brettern ein-gefasst ist eine ideale Nährstoffgrundlage. Später wird Kompost daraus.

über die Unterschiede zwischen Pilz und Pflanzen weiß. In der Entwicklungsge-schichte existierte die Gattung Pilz schon vor den Pflanzen. Wachstum und Vermehrung verzichten noch auf den Umweg überirdischer Pflanzenteile.

Das Myzel, der eigentliche Organismus Pilz – nur entfernt vergleichbar mit sehr feinem Wurzelwerk – durchdringt die Nährstoffgrundlage. Im Extrem als Schadpilz sogar Mauerwerk. Bei den Speisepilzen sprießen zur Reifezeit die Fruchtkörper, gemeinhin nicht ganz korrekt als Pilz bezeichnet, direkt aus dem Myzel an die Oberfläche. Zunächst sind sie nur als kleine Knötchen erkenn-bar, mit Sporen zwischen Lamellen oder in Röhren unter dem Hut. Nach kurzer Reifezeit wölbt sich der Hut auf, entlässt die feinen leichten Sporen als weißes bis braunes Mehl und zerfällt.
Spätestens wenn sich die Hutkrempe streckt, ist Erntezeit. Noch delikater sind jedoch die jungen Fruchtkörper, kurz bevor sich die Hutkrempe vom Stiel löst.

Shiitake-Pilzkultur auf Rundhölzern

Die anspruchslosen Shiitakes können auch dort angebaut werden, wo sonst kaum noch etwas wächst. Um so überraschender ist der Ertrag und der Genuss dieser wertvollen Pilzart.

Im fernen Osten hat diese Art Baumpilze anzubauen eine Jahrtausende alte Tradition. Doch auch in Europa wächst der Shiitakepilz, vor allem auf Buchenhölzern erzielt man gute Ergebnisse. Aber auch andere Laubholzarten, wie Eiche, Erle oder Birke, sind geeignet für die Shiitake-Kultur. Entscheidend für das Gelingen ist jedoch die Frische der Rundhölzer, denn auch auf den gesunden Resten einer frisch gefällten Weichselkirsche ist eine Shiitakeernte möglich.

Mehr als sechs Wochen sollten zwischen Fäll- und Impfzeitpunkt nicht vergehen. Im Frühjahr geschlagenes Holz ist jedoch zu trocken und sollte vor dem Impfen einige Tage im Wasser lagern, damit es sich wieder mit Wasser vollsaugen kann.

Bäume kann man selbst fällen

Wenn man sich nicht auf Landschaftsgärtner verlassen will, sollte man den direkten Weg über eine Forstverwaltung einschlagen. Bei der Forstbewirtschaftung fallen in den Beständen immer Bäume an, die ohnehin dem Nutzholz weichen müssen. Auf diese Weise kommen Sie an die in vollem Saft stehenden Rundhölzer, die Ihrem Bedarf optimal entsprechen.

Bis zu 15 cm dick und einen Meter lang ist ein gutes Maß, das man auch noch bewegen kann. Die Abschnitte sollten etwa zwei Wochen etwas erhöht auf Lagerhölzern ruhen, bevor Sie die Pilzbrut einbringen. Dafür gibt es verschiedene Methoden.

Verschiedene Methoden, Pilzbrut einzubringen

Die neueste Methode ist am einfachsten: 8 mm dicke, vom Shiitakemyzel durchwachsene Buchendübel werden in 8 mm Bohrungen (60 mm tief) ringsum in das Rundholz gesteckt.

Die Öffnung verschließen Sie mit Dübelabschnitten von gleichem Durchmesser. Diese Brutstäbchen gibt es im Gartenfachhandel, die Dübel im Heimwerkermarkt als Rundstäbe oder schon fertig zugeschnitten. Den Verschluss nicht zu fest eintreiben, sonst wird das Brutholz gequetscht.

Mit der herkömmlichen Pilzbrut auf Getreide kann man jedoch die größere Brutmenge anwenden. Damit lässt sich das Rundholz über den gesamten Querschnitt mit Brut impfen. Verteilen Sie die Brut in mehreren, großen Bohrungen und verschließen Sie die geimpften Stellen sorgfältig mit flüssigem Kerzenwachs.

Traditionelle Methode

Die aus Asien überlieferte Methode sieht keilförmige oder schmale, parallele Einschnitte bis fast zum Holzkern vor. Diese können so schmal sein, dass gerade ein etwa 1 cm dickes Holz zum Stopfen hineinpasst.

Dies schwächt dünne Querschnitte allerdings so, dass man die Hölzer immer etwas vorsichtiger bewegen muss. Die Parallelschnitte lassen sich am einfachsten mit der Kettensäge herstellen. Gleichzeitig gewinnt man so frische Holzspäne, die Sie mit der Brut vermischen und so in den Schlitz stopfen, dass die Brut nicht zerquetscht wird. So kann sich das Myzel etwas leichter und

In einer improvisierten Wanne können trockene Hölzer Wasser aufnehmen. *Im eigenen Tümpel ist die Wasserlagerung einfacher.*

Übereinander gelegt, lassen sich Knüppel und Rundhölzer besser beregnen. Die Shiitakes möglichst nicht nass werden lassen.

Holt man das Holz selbst aus dem Wald, kann man sich die Stücke wunschgerecht zurichten.

Bohrungen für die Brutstäbchen sternförmig auf dem Umfang anordnen.

Keilförmige Aussparungen lassen sich auch mit der Bügelsäge aussägen.

Bei der Pilzkultur im Gewächshaus bleiben die Shiitakes sogar von den Schadstoffen im Regen verschont. Ein kleiner Miniregen genügt, um für die ausreichende Feuchtigkeit zu sorgen.

Profitipp

Auf einem schräg an eine Wand gelehnten Regal lassen sich viele Hölzer übereinander auf einer kleinen Bodenfläche unterbringen. Leimen Sie hierzu Rundstababschnitte (20 x 20 cm) in 3 m lange, geschälte Bohrungen ein. Zwischen den Zapfen lassen Sie ca. 15 cm Abstand für dicke Rundhölzer. Auch das Bewässern ist mit diesem Regal einfach und wasserschonend.

Das Pilzmyzel braucht Zeit zum wachsen

Zwei bis drei Monate Lagerzeit, luftig abgedeckt, an schattigem Platz, aber dauernd feucht, das sind die besten Voraussetzungen für den Pilz, um ins Holz zu wachsen. Warm und feucht lieben es allerdings auch andere Lebewesen. Deshalb den Stapel erhöht auf Kanthölzern lagern und öfter kontrollieren. Ist diese Einwachsphase abgeschlossen, können weder Frost noch Nutznießer – allenfalls zu große Nässe – das Myzel schädigen.

Sie erkennen den richtigen Zeitpunkt, wenn sich das Myzel unter der Abdeckung rings um das Rundholz ausgedehnt hat. Im späten Frühjahr können Sie dann die Erntephase einleiten. Ein mehrstündiges Tauchbad und die

schneller vegetativ vermehren und in das Holz wachsen.

Schutz für die wertvolle Pilzbrut

Mit den großen Einschnitten lässt sich zwar fast der gesamte Querschnitt gleichzeitig impfen, die Öffnung muss man aber sehr sorgfältig und fest verschließen. Während der monatelangen Lagerzeit ist die Pilzbrut auch für Nacktschnecken, Asseln, Mäuse und andere Lebewesen eine bevorzugte Delikatesse, für die sie auch mehrere Lagen Folie durchnagen.

Vor den Schädlingen kann man die Hölzer am besten schützen, indem man sie entweder im Herbst impft und frostfrei und geschützt lagert oder indem man das Blech von Konservendosen über die Einschnitte nagelt. Mit der letzten Methode lassen sich auch zwei Rundhölzer (der Länge nach geteilt), mit einer Lage Pilzbrut zwischen den Schnittflächen, verbinden.

Mit dem Tandemfuchsschwanz kann man selbst in Eiche die Einschnitte anfertigen.

Für 30 mm Bohrungen einen preiswerten Flachfräsbohrer verwenden.

Die Füllung der schmalen Schlitze mit dünner Leiste festdrücken.

Weiß bis cremefarben und gut durchwachsen soll Pilzbrut aussehen.

Pilzbrut ist relativ teuer, erfolgreich selbst vermehren lohnt sich.

Erschütterung durch mehrfaches Stauchen der Hölzer auf den Boden regen erfahrungsgemäß das Wachstum an.

Sicherheitstipp

Bei allen Arten der Bearbeitung dürfen die Rundhölzer nicht verrutschen. Das erreichen Sie am einfachsten mit einer V-förmigen Aufnahme. Das kann entweder ein derart aufgestellter Bock oder eine einfache Kiste aus Betonschalbrettern mit entsprechenden Einschnitten sein. In der Kiste sammeln Sie gleichzeitig die Bohr- oder Sägespäne zur sparsamen Verwendung der Pilzbrut.

Die Pilzsaison beginnt frühestens nach einem Jahr

Solange die Nächte noch kühl sind, können die Hölzer etwas Sonne vertragen, dürfen aber nicht trocken werden. An den Einschnitten zeigen sich die Fruchtkörper zuerst. Spätestens dann wird es Zeit, die Hölzer an einen schattigen Erntestandort zu bringen.

Die Bilder zeigen einige Möglichkeiten der Aufstellung, bei der sich die Hölzer bei Bedarf gut beregnen lassen. Verlieren Sie nicht den Mut, wenn sich das Wachstum verzögert. Pilze reagieren nicht so prompt wie Radieschen.

Hohe Feuchtigkeit und gleichmäßige milde Wärme

Beim gewerblichen Anbau unter Dach werden die geimpften Rundhölzer (meist größere Abmessungen) zu quadratischen Türmen geschichtet und mit Stahlklammern gesichert. Sprühanlagen sorgen für die hohe Feuchtigkeit auf dem Holz und in der Luft. Derart angeregt werden drei bis vier Ernten pro Jahr im Abstand von sechs bis acht Wochen möglich.

Für den privaten Anbau sollte man wenigstens das Prinzip der Beregnung übernehmen.

Lange Streifen Folie straff über die Einschnitte wickeln und festklammern.

Selbstklebende Aluminiumfolie verstärkt die Bandage gegen die scharfen Zähne neugieriger Nagetiere in Ihrem Garten.

Pilzmyzel auf der Oberfläche – Zeichen für eine gut angewachsene Brut.

Wenn die Fruchtkörper wachsen, sollte es jedoch eher trocken zugehen. Auch wenn im Handel mitunter sehr feuchte Pilze verkauft werden, ist der Geschmack nicht-verwässerter Pilze aromatischer.

Pilzbrut vegetativ vermehren

Gesunde Pilzbrut ist kompakt und fest, gleichmäßig cremeweiß und duftet nach Speisepilzen. Wer sich etwas in die Materie vertieft, dem gelingt auch die Vermehrung der Pilzbrut. Die Chancen einer erfolgreichen Vermehrung wachsen hierbei mit der Häufigkeit der Versuche. Unbehandelten Weizen (Vogelfutter) zum Sterilisieren und Quellen fünf Minuten kochen. Wasser abschütten.

Abgekühlt mit ein paar Brocken der gekauften Brut oder dem gut durchwachsenen Substrat vermischen und in Plastikbeutel im Gemüsefach des Kühlschranks lagern. Die Beutel verschließen Sie ebenso wie bei der gekauften Brut.

Wenn es glückt, steht nach drei bis vier Monaten frische Brut zur Verfügung. Aber viele Einflüsse, wie zum Beispiel Keime und Bakterien, Feuchtigkeitsmenge, Temperatur, Belüftung und andere Faktoren, können den Erfolg verhindern.

Noch größer dürfen Shiitakes nicht werden, sonst schwindet das feine Aroma rapide, und der Pilz wird schwammig.

Praxistipp

Kaufen Sie die Pilzzucht erst, wenn Sie sie auch verarbeiten können. Lassen Sie vor dem Kauf vom Verkaufspersonal kontrollieren, ob die Brut weiß bis gelblich und gesund ist. Da Pilzbrut ein empfindliches biologisches Produkt ist, ist es – auch korrekt behandelt – nur begrenzt lagerfähig. Notfalls lässt sich Pilzbrut, nach Vorschrift auf der Verpackung, noch ein paar Tage im Kühlschrank aufbewahren. Um 0 °C wird sie jedoch zerstört. In der Nährstoffgrundlage eingewachsen, sind die Pilzfäden (Hyphen) jedoch frostbeständig. Deshalb beginnen Sie mit dem Anbau im Freiland nicht in der zweiten Jahreshälfte. Ausgenommen, Sie können die geimpften Hölzer den Winter über zum Beispiel im geheizten Gewächshaus oder Wintergarten über + 10 °C lagern. Das verkürzt natürlich, gegenüber der Lagerung im Freiland, den Zeitraum zwischen Impfen und Ernte erheblich.

Professionelle Pilzzüchter kennen die Probleme und verlassen sich lieber auf sterile Bedingungen im Zuchtlabor. In Asien hat man es früher jedoch auch ohne Labor geschafft, und das reizt vielleicht zum Versuch.

Gesundheit und Genießen liegen oft dicht zusammen

Wie weit man auf die geradezu fantastischen, positiven gesundheitlichen Einflüsse der Shiitakepilze vertrauen darf, bleibt abzuwarten. Jedenfalls befasst sich die Wissenschaft intensiv mit dem Pilz, um gesicherte Erkenntnisse über seinen direkten positiven Einfluss auf das Immunsystem zu erlangen.

Ernten Sie die Pilze, kurz bevor sie ihre Sporen abwerfen. Den Zeitpunkt erkennen Sie daran, dass sich der bis dahin nach innen gewölbte Hut aufbiegt. Wird ein heller bis brauner Belag unter dem Pilz sichtbar, ist es allerhöchste Zeit. Sprießen plötzlich zu viele Pilze, lassen die sich problemlos einfrieren.

Kanthölzer als Unterlage halten den notwendigen Abstand zum Boden.

So bleibt der Rundholzstapel im Schatten luftig und feucht.

Shiitakepilze – ein vollendeter Genuss

In sprudelnd kochendem Salzwasser drei Minuten blanchiert, werden alle den schnellen Zerfall der Pilze einleitenden Substanzen zerstört.

In Küchenkrepp getrocknet und einzeln gefrostet sind sie dann immer noch weit besser als »frische« – zwangsmäßig doch ältere – Ware vom Markt. Noch besser ist es, das fertig zubereitete Pilzgericht zu frosten.

Versuchen Sie mal diese Zubereitung: Shiitakes pur, in großen Stücken, mit einer Spur Knoblauch sehr langsam in Olivenöl gebraten (damit sie überschüssige Feuchtigkeit verlieren), mit viel Kerbel bestreut, kaum gesalzen, aber mit reichlich Pfeffer aus der Mühle.

AICHER-HOLZWERK, Kapellenweg 31, 83064 Raubling b. Rosenheim: S. 6-7 (gr. Bild)

BAUMEISTER-HAUS GmbH, Kennedyallee 119a, 60596 Frankfurt a. Main: S. 108-109 (gr. Bild)

Ing. Beckmann KG, Simoniusstr. 10, 88239 Wangen i. Allgäu: S. 74-75 (gr. Bild)

BEKAERT Rösler Draht GmbH, Heerstr. 3, 41366 Schwalmtal: S. 58 (gr. Bild), S. 59 (o. r.), S. 60 (o. r., M., l.), S. 61 (o. r., l.), S. 62 (o. l., M.), S. 63 (M., u.)

Robert Bosch GmbH, Postfach 100156, 70745 Leinfelden-Echterdingen: Elektrowerkzeuge u. Häcksler (div.)

GARDENA Kress + Kastner GmbH, Hans-Lorenser-Str. 40, 89079 Ulm: S. 9 (o.), S. 131 (u. l.), Gartenwerkzeuge (div.)

Peter Himmelhuber, Thurmayerstr. 1, 93049 Regensburg: S. 14 (gr. Bild), S. 15-16, S. 64 (gr. Bild), S. 65-67, S. 68 (gr. Bild), S. 69-71, S. 100 (gr. Bild), S. 101, S. 102 (gr. Bild), S. 103, S. 121 (gr. Bild), S. 122-123

Openfire-Rösler-Kamine GmbH, Behringstr. 1-7, 63303 Dreieich-Offenthal: S. 19 (gr. Bild)

OSMO Ostermann & Scheiwe GmbH & Co. KG, Hafenweg 31, 48155 Münster: S. 39 (r. M.), S. 55-57 (gr. Bild), Anstrichmittel und Gartenholz (div.)

Quelle AG, Nürnbergerstr. 91-95, 90762 Fürth: S. 135 (o. M.)

re natur, Karl-Roß-Weg 24, 24601 Ruhwinkel: S. 110 (gr. Bild)

Wolfgang Redeleit, Meisenweg 15, 29553 Bienenbüttel: S. 12-13, S. 53 (gr. Bild), S. 54-55 (u. l., M. r.), S. 119 (u. l.)

Röhm GmbH, Postfach 100141, 64201 Darmstadt: S. 11 (gr. Bild), Plexiglas-Stegdoppelplatten (div.)

SchwörerHaus, Hans-Schwörer-Str. 8, 72531 Hohenstein: S. 82 (gr. Bild)

Wolfgang Seitz (Edition VASCO), Steinstr. 5, 23845 Bühnsdorf: S. 50 (gr. Bild), S. 51-52, S. 55 (o. l., M. l.)

Stabila GmbH & Co. KG, Postfach 1340, 76855 Annweiler: Messwerkzeuge (div.)

Andreas Stihl AG & Co. KG, Postfach 1771, 71307 Waiblingen: Motorgeräte (div.)

Toro Rasenmäher, Im Fuchsloch 2, 60437 Frankfurt a. Main: S. 105 (u.)

Helga Voit, Prinz-Ludwig-Str. 28, 85354 Freising: S. 72 (gr. Bild), S. 73

Stefan Winkelmeyer, Stamitzstraße 1, 85057 Ingolstadt: S. 19

WOLF-Garten, Industriestr. 83-85, 57518 Betzdorf: S. 96-97 (gr. Bild), S. 126-127 (gr. Bild)